DIVERSIDADE, EQUIDADE E INCLUSÃO NOS SERVIÇOS DE HOSPITALIDADE

Dados Internacionais de Catalogação na Publicação (CIP)
(Claudia Santos Costa - CRB 8ª/9050)

Santos, Cláudia Balthazar dos
Diversidade, equidade e inclusão nos serviços de hospitalidade / Cláudia Balthazar dos Santos, Fábio Ortolano, Thammy Alonso Guastella. – São Paulo : Editora Senac São Paulo, 2025.

Bibliografia.
ISBN 978-85-396-5695-0 (impresso/2025)
e-ISBN 978-85-396-5696-7 (ePub/2025)
e-ISBN 978-85-396-5697-4 (PDF/2025)

1. Hospitalidade. 2. Diversidade. 3. Equidade. 4. Inclusão. I. Ortolano, Fábio. II. Guastella, Thammy Alonso. III. Título.

25-2531c CDD – 647.94
BISAC BUS081000
SOC074000
BUS118000

Índice para catálogo sistemático:

1. Hospitalidade : Diversidade : Equidade : Inclusão 647.94

Cláudia Balthazar dos Santos
Fábio Ortolano
Thammy Alonso Guastella

DIVERSIDADE, EQUIDADE E INCLUSÃO NOS SERVIÇOS DE HOSPITALIDADE

Editora Senac São Paulo – São Paulo – 2025

Administração Regional do Senac no Estado de São Paulo

Presidente do Conselho Regional: Abram Szajman
Diretor do Departamento Regional: Luiz Francisco de A. Salgado
Superintendente Universitário e de Desenvolvimento: Luiz Carlos Dourado

Editora Senac São Paulo

Conselho Editorial: Luiz Francisco de A. Salgado
Luiz Carlos Dourado
Darcio Sayad Maia
Lucila Mara Sbrana Sciotti
Luís Américo Tousi Botelho

Gerente/Publisher: Luís Américo Tousi Botelho
Coordenação Editorial: Verônica Marques Pirani
Prospecção: Andreza Fernandes dos Passos de Paula, Dolores Crisci Manzano, Paloma Marques Santos
Administrativo: Marina P. Alves
Comercial: Aldair Novais Pereira
Comunicação e Eventos: Tania Mayumi Doyama Natal

Edição e Preparação de Texto: Amanda Andrade
Coordenação de Revisão de Texto: Marcelo Nardeli
Revisão de Texto: Priscila Mota
Projeto Gráfico: Antonio Carlos De Angelis
Editoração Eletrônica e Capa: Natália da Silva Nakashima
Imagens: Adobe Stock, Wikimedia Commons e acervo pessoal dos autores
Impressão e Acabamento: Gráfica AR Fernandez

Editora Senac São Paulo
Av. Engenheiro Eusébio Stevaux, 823 – Prédio Editora
Jurubatuba – CEP 04696-000 – São Paulo – SP
Tel. (11) 2187-4450
editora@sp.senac.br
https://www.editorasenacsp.com.br

Sumário

Apresentação

Vivemos em um mundo diverso, complexo, interconectado e repleto de novas tecnologias. Ao mesmo tempo, observamos o levantamento de muros, a atomização (ou fragmentação) dos sujeitos, o aumento da violência urbana e das formas de discriminação.

Nesse cenário, dialogar sobre hospitalidade vai além das práticas comerciais ou de rituais sociais: trata-se de repensar o modo como recebemos, acolhemos e incluímos o outro — especialmente aqueles marcados pela (in)diferença, pela vulnerabilidade ou pela exclusão.

Este livro nasce do compromisso em pensar e promover a hospitalidade como uma ética da convivência, que reconhece a alteridade como princípio e não como exceção. Ao integrar as discussões sobre diversidade, equidade e inclusão (DE&I) com o campo da hospitalidade, buscamos ampliar o entendimento sobre os desafios e possibilidades de construir espaços mais justos, acessíveis e acolhedores para todas as pessoas, em especial nos contextos dos serviços, do turismo e do lazer.

Esperamos que esta obra sirva como ferramenta de reflexão e ação, tanto para profissionais da hospitalidade quanto para pesquisadores, educadores, gestores e estudantes comprometidos com a transformação das práticas institucionais e sociais. Que sua leitura inspire a construção de um mundo em que a hospitalidade seja um campo permeado por valores como a justiça, o bem comum e a empatia.

O capítulo 1 introduz os fundamentos da hospitalidade como prática social e cultural, explorando os conceitos de alteridade, multiculturalismo e as transformações impulsionadas pelas reivindicações de diversidade, equidade e inclusão (DE&I) dos movimentos sociais da modernidade. Além disso, apresenta a emergência dessas políticas nas instituições e sua relação com as agendas de sustentabilidade e governança (ESG), apontando alguns impactos da desigualdade e exemplos para refletir sobre seus desdobramentos no comércio de bens, serviços e turismo.

O capítulo 2 aprofunda as teorias que sustentam a diversidade e inclusão, revelando como preconceitos e práticas discriminatórias ainda se manifestam nos ambientes de hospitalidade. A partir de uma análise crítica, o capítulo propõe caminhos e perspectivas para a construção de experiências mais justas, diversas e acolhedoras.

No capítulo 3, o foco se volta para a inclusão e a acessibilidade, discutindo a democratização do acesso aos espaços de lazer e hospitalidade da perspectiva das legislações. São apresentados conceitos fundamentais sobre a área da inclusão, questionando-se para quem (e como), de fato, os espaços estão sendo pensados e desenhados. O capítulo encerra com a defesa da acessibilidade como prática de criação de experiências significativas e que levem em consideração subjetividades e identidades.

Ao reunir fundamentos teóricos, reflexões críticas e propostas de ação com exercícios e estudos de caso, esperamos oferecer subsídios valiosos para pessoas comprometidas com uma hospitalidade mais ética, equitativa e transformadora.

Boa leitura!

1

Hospitalidade e políticas de diversidade, equidade e inclusão

Clientes vegetarianos se revoltam e chamam a polícia após restaurante servir frango assado

Após provarem a refeição, eles perceberam que o alimento não era vegetariano, o que desencadeou uma reclamação com o chef do local.

10 dez 2024 - 12h24 (atualizado às 14h52) Compartilhar Exibir comentários

Fonte: https://www.terra.com.br/vida-e-estilo/degusta/clientes-vegetarianos-se-revoltam-e-chamam-a-policia-apos-restaurante-servir-frango-assado,77a5f6fcf0bdfd524e6a9f08d6bf43187hcwow1o.html#google_vignette

A notícia veiculada no Portal Terra relata o caso de uma família vegetariana servida de um frango assado num restaurante indiano. As desculpas dos profissionais do restaurante não foram suficientes e os clientes levaram o caso à polícia. Para algumas culturas religiosas, não comer carne de animais está associado a motivos espirituais e kármicos.

Para reflexão:

Quais barreiras à hospitalidade notamos nesse caso?

Podemos pensar em algumas possibilidades:

- *Cardápio limitado: sem opções claras para vegetarianos, intolerantes à lactose, glúten, etc.*
- *Desconhecimento por parte de quem está servindo: o garçom, por exemplo, demonstra pouco conhecimento sobre as restrições alimentares mencionadas e não sabe indicar quais pratos poderiam ser adaptados.*
- *Atendimento insensível: considerar que é impossível agradar a todos; supor que os clientes deveriam ter avisado com antecedência; julgar que o pedido é "frescura" e que o cliente pode fazer uma concessão pontual.*

Será que restaurantes (e demais empresas de hospitalidade) estão preparados e dispostos a atender a todos os clientes em suas diferenças e necessidades?

Empresas que prestam serviços de hospitalidade habitualmente são frequentadas por pessoas de diferentes origens culturais, tradições religiosas e com necessidades alimentares diversas. Portanto, os estabelecimentos comerciais que buscam excelência no atendimento devem estar preparados e dispostos a acolher e atender a cada cliente considerando suas particularidades. Restrições alimentares podem estar associadas a questões de intolerância ou alergia a determinados ingredientes, bem como a comportamentos culturais e princípios religiosos. Julgar algum desses motivos como banalidade denota falta de hospitalidade, pois dessa forma não se reconhece a singularidade, silenciam-se as diferenças e neutraliza-se a alteridade, conceitos importantes dos quais trataremos mais adiante.

E, como vamos falar de diversidade, acredito que vale a pena que eu, Fabio Ortolano, me apresente um pouco melhor.

Costumo dizer que sou professor, ativista e folião, não necessariamente nessa ordem. Atuo como professor no Senac e na Fatec. Como ativista, já fui membro fundador de dois coletivos: um LGBTQIAPN+ e outro ambientalista. E alimento meu espírito folião todo ano, pois amo o carnaval e tudo o que ele representa – o direito ao lazer, à liberdade crítica e criativa e à resistência em tempos de uma cultura que prega a produtividade exacerbada. Tenho 38 anos, sou um homem branco com cabelos escuros e curtos; nasci no interior de São Paulo; sou filho da Neiva, irmão gêmeo do Fernando e namorado do Pedro. Minha biografia situa de onde falo e o modo como, junto às minhas leituras, fui construindo minha práxis como educador, estudioso e escritor. Agora que nos conhecemos um pouco, vamos ao assunto.

Hospitalidade como prática social e cultural

Hospitalidade, diversidade e inclusão são fatos sociais com um traço comum que os constitui: a alteridade, que significa reconhecer a natureza ou a condição alheia, o que diz respeito ao outro, a capacidade de percebê-lo e reconhecê-lo, respeitando suas singularidades e diferenças.

Em outras palavras, todos esses conceitos visam superar o egocentrismo, as culturas dominantes e as lentes pessoais, rompendo com uma visão individualista e abstrata do personalismo e buscando um olhar mais amplo, holístico, que acolhe o outro. Esses termos trazem em seu bojo princípios como a dignidade humana, a justiça, a reciprocidade e a solidariedade, entre outros.

Assim, neste capítulo, vamos abordar alguns conceitos de hospitalidade, multiculturalismo e alteridade, além de contextualizar a emergência das políticas de diversidade, equidade e inclusão (DE&I) nas instituições e refletir sobre como a hospitalidade contribui no comércio de bens, serviços e turismo no âmbito das políticas de DE&I, junto à agenda ESG (environmental, social and governance) ou ASG (ambiental, social e governança).

A hospitalidade congrega um conjunto de significados, e seus estudos advêm desde a antiguidade. Contudo, é no final do século XIX e início do século XX que ela desponta como disciplina acadêmica com a profissionalização de setores como turismo, alimentação, hotelaria e outros serviços.

Em linhas gerais, podemos dizer que a hospitalidade envolve o bem receber; é a prática de recepcionar, acolher, alimentar e entreter alguém, seja conhecido ou estranho, oferecendo conforto, cuidado e respeito.

Dias (2024) sintetiza as principais correntes de estudos da hospitalidade na contemporaneidade. Recorrendo a Camargo (2004 *apud* Dias 2024), ele relata que a escola francesa tem como foco a hospitalidade doméstica e pública, com base nas ideias de Marcel Mauss, Jacques Derrida, Anne Gotman e Alain Montandon; já os estadunidenses têm priorizado a hospitalidade comercial, com base nos serviços de instituições turísticas, como a obra de Kye-Sung Kaye Chon e Sparrowe Raymond T., com um caráter aplicado e com vistas às habilidades necessárias. A escola britânica tenta aproximar as duas visões, lideradas por Conrad Lashley e Alison Morrison. No Brasil, a tendência é promover um diálogo entre as abordagens, e um dos principais pesquisadores é Luiz Otávio de Lima Camargo.

Assim, além das definições clássicas de hospitalidade, podemos somar as leituras contemporâneas desse conceito. Dias (2024) pondera que as situações complexas nos lembram que a sobrevivência dos humanos depende do espírito de cooperação. Ainda que, atualmente, o projeto de vida e destino individual tenha dominado a cultura por meio do desempenho, do consumo e da mercadoria, não há como desconsiderar os vínculos, a necessidade do cuidado e do reconhecimento de pertencer a um grupo.

Ou seja, num mundo caótico, permeado por conflitos, falta de diálogo e desinteresse pela coletividade, é preciso retomar os valores da hospitalidade, como o acolhimento, o respeito, a generosidade, a empatia, a compreensão, a sustentabilidade e a responsabilidade social. As práticas de hospitalidade compreendem competências essenciais para sociedades mais justas e a construção de processos civilizatórios. Assim, contribuem para a construção da ética.

Lashley e Morrison (2004) reforçam um dos valores apresentados anteriormente, destacando que é fundamentalmente o relacionamento entre anfitrião e hóspede/visitante que constitui a hospitalidade e que, para ser eficaz, é preciso que essa relação seja mediada por sentimentos de generosidade. O autor apresenta três domínios da hospitalidade: o social (público), o privado (doméstico) e o comercial, cada qual com suas especificidades. Vejamos alguns exemplos de como garanti-la.

Hospitalidade social (pública):

- tradições e hábitos culturais de acolhida;
- governança e zeladoria;
- acessibilidade;
- segurança;
- arborização;
- sinalização e comunicação;
- iluminação;
- atenção à poluição do ar e visual.

Hospitalidade privada (doméstica):

- recepção de amigos e familiares em casa;
- aconchego e conforto;
- ambientação – organização e limpeza;
- escolha da toalha de mesa e utensílios;

- decoração da mesa;
- preparo de um café ou suco;
- climatização – ventilador, ar-condicionado, climatizador;
- música.

Hospitalidade comercial:

- serviços de hospedagem, recepção, alimentação e entretenimento;
- ambientação e decoração;
- acessibilidade;
- informações e confiabilidade;
- atendimento de excelência;
- empatia, escuta ativa e respeito;
- atendimento das necessidades e superação de expectativas;
- políticas de fidelização;
- conforto e personalização.

Além dos domínios e seus exemplos práticos, é importante reconhecer a hospitalidade como uma prática e um comportamento social, ou seja, enxergar sua perspectiva sociológica. Camargo (2004) a apresenta como um fato social, que prevê um conjunto de leis não escritas que regulam o ritual social e cuja observância não se restringe aos usos e costumes das sociedades. Defende que a hospitalidade: a) começa com o bem receber, num vínculo social; b) implica sacrifício por parte de quem recebe em favor de quem é acolhido; c) traz implícito algum interesse; d) sempre é assimétrica. O autor provoca que, por pragmatismo ou marketing, os norte-americanos e os brasileiros, em geral, não se interessam pelo caldo de cultura da hospitalidade humana, pois estão muito focados nos serviços como interesse de mercado, sem referência ao sistema do dom.

Mas do que se trata o sistema do dom? Na hospitalidade, este é um conceito desenvolvido a partir das ideias de Marcel Mauss, sobretudo na obra *Ensaio sobre o Dom* (Mauss, 2003). Para ele, os atos de dar, receber e retribuir são fundamentais para criar e manter vínculos sociais. No contexto da hospitalidade, o sistema do dom ajuda a explicar as dimensões social, ética e simbólica presentes nas relações. Assim, Camargo (2006) faz uma indagação ao ponderar o turismo: hospitalidade ou hospitalidade teatralizada?

Para ele, no turismo convencional, a hospitalidade é mais uma metáfora, entre alguns fatores, por ser uma prática de consumo. Sua hipótese é que o turismo é a superposição de dois sistemas de troca: o comercial e o do dom. O primeiro é regido pelas práticas e comportamentos comerciais; e o segundo, ancestral e mais difícil de ser alcançado, pelas leis não escritas do dom, da dádiva, leis derivadas do "dar-receber-retribuir".

Esta última definição é a que nos interessa para pensar nos serviços de hospitalidade e em diversidade, equidade e inclusão. Alinhando-se à ideia de Camargo (2006), essa hospitalidade acontece além da troca combinada, além do serviço monetizável, e deve advir da empatia, uma predisposição cognitiva de aprendizado com o outro. Em outras palavras, as pessoas envolvidas devem estar implicadas com o outro, reconhecê-lo em seu contexto e percurso, e abrir-se para uma troca genuína. Posto isso, a hospitalidade está ligada à qualidade de vida e ao bem-estar, conforme nos aponta Grinover (2007).

Geraldo e Silvana Castelli (2010) ponderam que a hospitalidade é um dos aspectos essenciais da sobrevivência da família humana; ela é e sempre foi importante para preservação da espécie. Os autores relatam diferentes manifestações ao longo da história e culturas da humanidade. Na era primitiva, podemos citar a importância da vida gregária para proteção e desenvolvimento, pois, mesmo fixando-se em povoações, era preciso efetuar trocas de produtos agrícolas e artesanais, bem como havia a necessidade de acolher e hospedar os viajantes para tais trocas. Na antiguidade, observa-se a relevância dos banquetes como estratégias de coesão e pertencimento social; o viajante deveria ser bem recebido, pois acreditava-se que a hospitalidade tinha um caráter sagrado, e alguns mitos e divindades atestavam isso. Na modernidade, o ideal iluminista e as sociedades positivistas, urbanas e cosmopolitas construíram marcos importantes para uma hospitalidade global – a Declaração Universal dos Direitos Humanos sintetiza princípios garantidores da dignidade humana e do acolhimento do outro, independentemente da cultura e território de origem.

Os autores acrescentam que todas as religiões trazem contribuições para compreensão e abrangência da hospitalidade. O cristianismo, hegemônico em nosso país, e a Bíblia, em diversas de suas passagens, enfatizam a sacralidade da hospitalidade – por exemplo, no trecho que diz: "Quem vos recebe, a mim recebe. E quem me recebe, recebe aquele que me enviou" (Mateus 10:40 *apud* Castelli; Castelli, 2010).

Outras seções da Bíblia fazem referência e congregam ensinamentos sobre a hospitalidade. Aqui, chamo a atenção a uma delas, pois relaciona-se a três conceitos trabalhados neste capítulo: a diversidade, a alteridade e a hospitalidade. Para abrir a reflexão, vale observar a imagem reproduzida a partir do livro de João Silvério Trevisan, *Devassos no Paraíso*, que retrata o olhar do estrangeiro europeu sobre os povos originários no Brasil.

A imagem "Tempos de sodomitas e pederastas", reproduzida do livro "Devassos no Paraíso" de João Silvério Trevisan, ilustra, segundo o autor, o imaginário europeu do século XVI. Observa-se que o demônio pune os nativos brasileiros por seu paganismo e prática de sodomia, sugerida nas posições do castigo sofrido. Gravura de Theodor de Bry para o livro "Viagem à terra do Brasil", de Jean de Léry, publicado por volta de 1578.

Fonte: Trevisan (2018).

Embora entre os povos originários já tivessem termos para se referir às pluralidades sexuais, como *tibira* para os tupinambás homossexuais do gênero masculino e *çacoaimbeguira* para as tupinambás homossexuais do gênero feminino, a palavra usada pelos colonizadores, que trouxeram a religião e seus signos como estratégia de genocídio e aculturação, foi "sodomita", em referência a Sodoma, retratada em Gênesis. Contudo, segundo alguns pesquisadores (Susin, 2013; Silva, 2018; Carvalho, 2022), a passagem bíblica não se resume à prática sexual, especialmente homossexual, difundida em algumas narrativas, sobretudo as fundamentalistas:

> *(...) sem excluir o papel da violência sexual, diz muito mais, em contraste com a hospitalidade de Abraão: os peregrinos colocam à prova a hospitalidade e são mal-recebidos pela cidade, que quer se aproveitar dos forasteiros para torná-los suas vítimas expiatórias, usá-los para descarregar neles a sua hostilidade, na forma de violência sexual. Este é o pecado central de Sodoma e Gomorra: a sua hostilidade ao invés da hospitalidade (Susin, 2013).*

Ló, sobrinho de Abraão, recebeu visitantes desconhecidos em sua casa. Quando os homens de Sodoma souberam, cercaram a casa e ordenaram que os visitantes fossem entregues para serem violentados. Ló oferece as suas filhas a eles, no lugar dos visitantes; contudo, os homens de Sodoma não aceitam e invadem a casa. Os visitantes, na realidade, eram anjos enviados por Deus, e castigam os homens de Sodoma, deixando-os cegos. Ou seja, uma interpretação bastante plausível dessa passagem é que os sodomitas não foram condenados pela homossexualidade, e sim pela falta de hospitalidade ao estrangeiro e pela violência contra Ló, sua família e os visitantes. Os pecados de Sodoma estavam relacionados à ganância e ao apego excessivo à propriedade (Silva, 2018). Os atos são interpretados como sinais de falta de compaixão e trato de forma sádica. Carvalho (2022) aponta que a interpretação da passagem de Gênesis 19:5, de que a cidade de Sodoma foi destruída por causa da homossexualidade de seus habitantes, não é convincente, e isso se deve a uma série de fatores, entre os quais a ideologia do intérprete.

Ou seja, a leitura de uma cultura estrangeira com as lentes ideológicas por parte dos colonizadores, retratada na imagem que mostramos anteriormente, revela a falta de alteridade, que trouxe e ainda traz uma série de prejuízos morais e sociais às diversidades sexuais no Brasil até o presente. Outro exemplo de não respeito à alteridade e à diversidade é o caso de Xica Manicongo, que veio escravizada do Reino do Congo para Salvador no século XVI. Ela trabalhou como sapateira na Cidade Baixa e foi a primeira pessoa a ser documentada como travesti no Brasil por uma denúncia ao Tribunal do Santo Ofício em 1591. Criminalizada por sodomia e julgada pelo tal tribunal por usar roupas femininas e compor uma "quadrilha de feiticeiros sodomitas", foi condenada à pena de ser queimada viva em praça pública. Assim, abdicou de suas roupas e adotou o estilo de vida dos homens da época, sendo rebatizada como Francisco. A música "Sangue Latino", do grupo Secos e Molhados (1973), sintetiza tal processo de colonização e sujeição:

Jurei mentiras e sigo sozinho
Assumo os pecados
Os ventos do norte não movem moinhos
(...)
Rompi tratados, traí os ritos
Quebrei a lança, lancei no espaço
Um grito, um desabafo.
E o que me importa é não estar vencido
Minha vida, meus mortos, meus caminhos tortos.
(Secos & Molhados, 1973)

Não apenas a existência da diversidade sexual foi apagada no processo violento de colonização; outras identidades e referências culturais, inclusive de hospitalidade, acabaram solapadas pela ausência da alteridade. A arrogância dos colonizadores, que se julgavam mais desenvolvidos e civilizados, unida à ambição em explorar mercadologicamente os territórios invadidos, impediu as práticas de hospitalidade. Não permitiu que considerassem outras cosmovisões, tampouco que aprendessem com elas. Eis o que o presente e o futuro nos possibilitam: fazer diferente e nos abrir para conhecer o diferente.

Dias (2024) relata que, na tradição afro-brasileira, entre as religiões de matriz africana, os mitos iorubá trazem exemplos de sacrifício e da necessidade de reciprocidade, característicos da hospitalidade. O autor pondera que, por meio da hospitalidade, nos identificamos culturalmente com o outro, nos enraizamos, criamos e produzimos arte, relacionamos e expressamos emoções e, dessa forma, nos humanizamos.

Sabendo que a tolerância é uma virtude universal, eticamente recomendada a todos e em todos os momentos, e está ligada à moral e à ética, Giannini (1996) defende que ela pode ser associada à hospitalidade, pois tanto a tolerância quanto a hospitalidade referem-se à capacidade de se comunicar e se relacionar com o outro.

A partir desse recorte, notamos a relevância de observar a hospitalidade como um constructo social. Grinover (2007) diz que a análise do exercício da hospitalidade é uma contribuição à sociologia da vida cotidiana, pois desconstrói as categorias do familiar, do social e do político, permitindo, ao mesmo tempo, pensá-las juntas.

Nesse sentido, a hospitalidade como prática social e cultural é uma postura ética perante o outro: é reconhecê-lo e não ser indiferente, tampouco inferiorizá-lo. É uma forma de conexão e afeto, quiçá amistoso. Implica a relação, o diálogo, o encontro; é parte de um processo civilizatório, da vida em sociedade e do interesse comum. Os episódios e movimentos de desglobalização, protecionismo estatal, neofascismos e xenofobia direcionada aos imigrantes e turistas internacionais são exemplos da ausência de hospitalidade. Isso posto, podemos notar que a hospitalidade é aliada da democracia e dos direitos humanos.

A democracia só pode existir com a hospitalidade, pois ela prevê o acolhimento do diferente, do antagônico, do estrangeiro e do conflito. Chantal Mouffe (2015) reconhece o conflito e o antagonismo como elementos centrais do político e da democracia. A autora defende que a crença na possibilidade de um consenso universal e racional orientou o pensamento democrático num caminho errado. Para ela, a democracia se constrói no dissenso, nas discordâncias, em acolher o antagonismo e vê-lo não como inimigo, apenas como adversário. Podemos tomar as competições esportivas como exemplo disso: é preciso enfrentar o adversário, mas sem eliminá-lo, visto que o oponente é necessário. Contudo, a sociedade atual tem abdicado do outro, tornando-se alheia a ele, vendo-o como inimigo a ser erradicado. Se discorda, exclui; se pensa diferente, cancela; se não gosta, não se relaciona. E tudo isso é potencializado pelo algoritmo e redes sociais que criam esquemas cerebrais e condicionam comportamentos humanos. E os ambientes virtual e presencial são os campos dessas práticas. É preciso, portanto, sempre afirmar e salvaguardar os valores democráticos quando falamos em hospitalidade. Respeitar as diferenças e liberdades individuais, exceto quando elas firam a dignidade ou direito de alguém ou de alguma coletividade – nesse ponto, chegamos ao paradoxo da tolerância. Não é possível tolerar o intolerável.

Karl Popper nos ensina que uma sociedade com tolerância ilimitada se corrói pelos intolerantes. Na obra *A sociedade aberta e seus inimigos* (1974), ele argumenta que a sociedade deve ser intolerante com a intolerância quando esta ameaça os próprios princípios da liberdade e da convivência democrática; caso contrário, banalizamos a agressão, a violência e a desqualificação moral do outro. Em outras palavras: se existe a tolerância ilimitada, pessoas e grupos que pregam ideias intolerantes acabam corrompendo o debate público, podendo até mesmo ameaçar a democracia e a liberdade de outros grupos e indivíduos. A tolerância ilimitada leva à extinção da própria tolerância.

Não à toa, a *Carta Social da Paz* ou *Carta Econômica de Teresópolis*, que funda o Sistema S no Brasil (e, por consequência, o Serviço Nacional de Aprendizagem Comercial, ou Senac, e o Serviço Social do Comércio, ou Sesc), destaca a paz mundial, a democracia e o espírito de fraternidade em seus artigos:

> *I - A manutenção da democracia política e econômica e o aperfeiçoamento de suas instituições são considerados essenciais aos objetivos da felicidade social e à dignidade humana.*

II - O capital não deve ser considerado apenas instrumento produtor de lucro, mas, principalmente, meio de expansão econômica e bem-estar coletivo.
(Carta Econômica de Teresópolis, 1946)

A hospitalidade não se resume às práticas de atendimento: trata-se de compromisso ético e até de uma poética necessária para o comércio de bens, serviços e turismo. A hospitalidade, enquanto prática social, deve prever a construção de ambientes acolhedores para todos os diferentes públicos; ou seja, devemos estabelecer diálogo entre pessoas diversas, a partir de uma escuta ativa, com acolhimento mútuo, independentemente das diferenças. Posto isso, os profissionais que atuam com hospitalidade devem adotar postura crítica e estratégias para o enfrentamento das desigualdades, preconceitos e exclusão, promovendo a justiça social, a qual não se institui apenas com normativas e instituições, mas também pelas atitudes e cultura. É preciso uma disposição para acolhimento do diferente, e a resposta é a alteridade.

Alteridade: o reconhecimento do outro

Stuart Hall (2003) alerta que o termo multiculturalismo é utilizado atualmente de forma heterogênea, fazendo uma distinção entre multicultural e o multiculturalismo, que possuem diferenças nos debates sobre identidade, poder e diversidade cultural. Segundo ele, o primeiro é um termo qualitativo, e o segundo, substantivo.

Multicultural significa a coabitação respeitosa de múltiplas e diferentes culturas no mesmo espaço. Dessa forma, pressupõe a construção de uma ética que reconheça diferentes morais, a descolonização de heranças culturais, o bem-estar de diferentes grupos, o princípio de justiça e o relativismo cultural, além de uma crítica ao etnocentrismo. Já o multiculturalismo, embora não seja algo novo, é um fenômeno social diretamente relacionado com a globalização e as sociedades modernas, uma política ou ideologia que surge como resposta à diversidade cultural.

O multiculturalismo não é neutro, é um campo de disputa política em que as culturas lutam por espaço, reconhecimento e igualdade dentro de uma estrutura muitas vezes desigual e assimétrica.

Hall nos provoca a refletir que muitas abordagens do multiculturalismo limitam o conceito a uma postura celebratória, que enxerga a diversidade apenas como algo "bonito". Esse tipo de multiculturalismo se limita a tolerar ou incluir manifestações culturais visíveis (como comida, dança, festas), mas evita confrontar as desigualdades estruturais de poder e os conflitos reais entre grupos sociais.

Assim, é preciso pensar o multiculturalismo numa perspectiva crítica. E uma gramática possível, que busca solucionar esse impasse, são os fundamentos dos Direitos Humanos. Tomemos os critérios da razoabilidade (moral) e da proporcionalidade (medida) ao se mediar diferenças culturais. Por exemplo: não se deve julgar as práticas culturais de uma determinada comunidade no Sul Global com as lentes culturais dominantes da cultura ocidental do Norte Global. Essa ideia baseia-se no princípio do relativismo cultural, o qual ensina que as culturas devem ser compreendidas no seu próprio contexto e não a partir de padrões externos. Ou seja, julgar culturas do Sul Global com as lentes do Norte Global pode levar a interpretações distorcidas, injustas ou até etnocêntricas. Somam-se a isso outros fundamentos, como assegurar a paz, os atributos da dignidade da pessoa humana e a democracia como regime de autodeterminação dos povos.

*** PARA SABER MAIS**

Sul Global

A ideia e conceito de Sul Global possui múltiplos significados e é central para compreender as dinâmicas geopolíticas e sociais quando falamos de relativismo cultural. A dimensão socioeconômica associa o Sul Global aos baixos índices de desenvolvimento humano (IDH), remetendo à antiga divisão da Linha Brandt entre países ricos (Norte) e pobres (Sul). Na dimensão geopolítica, o Sul Global é visto como um espaço de alianças transregionais entre países historicamente colonizados ou periféricos. Uma terceira visão entende o Sul Global como uma construção política e simbólica de resistência ao domínio do Norte Global, ao neoliberalismo e às heranças coloniais, reunindo lutas locais e globais por justiça social, econômica e epistêmica (nos alinhamos a esta última interpretação).

Norte Global

O Norte Global refere-se aos países desenvolvidos, com alto IDH, majoritariamente localizados no hemisfério norte, com economias avançadas, alta renda per capita e grande influência nas instituições financeiras e políticas internacionais. O termo é usado em contraste com o Sul Global.

Em outras palavras, não vivenciamos uma sociedade multicultural, mas sim o multiculturalismo global. Hall (2003), em sua crítica, pondera que é preciso reconhecer os desequilíbrios de poder, pois o multiculturalismo comercial pressupõe que, se a diversidade dos indivíduos for reconhecida, os problemas serão resolvidos no consumo privado, sem qualquer necessidade de distribuição do poder e dos recursos.

Segundo o autor, junto às tendências de homogeneização da globalização, ocorre, como resistência, uma proliferação subalterna das diferenças historicamente silenciadas, que resistem à homogeneização, rompendo com os discursos universalizantes que buscam apagar ou domesticar as diferenças e reivindicando espaço na cultura. É preciso olhar para elas, para as culturas dissidentes, promovendo-as e positivando-as.

Charles M. Taylor (1993) pondera que a diversidade cultural é necessária para a construção de uma sociedade justa e igualitária, não apenas por meio da assimilação cultural, mas pelo reconhecimento e valorização das diferenças culturais, preservando e promovendo a autenticidade cultural, bem como o diálogo intercultural como meio para compreensão mútua e a coexistência pacífica.

Tal diálogo e reconhecimento das diferenças se dá pela alteridade. O conceito advém do termo latim *alter* (que significa "outro" ou "aquele que não é o mesmo") somado ao sufixo "idade" (indicador de qualidade ou estado). Dessa forma, a alteridade é a qualidade do outro ou que diz respeito ao outro. Implica reconhecer o outro como diferente de si e compreendê-lo em sua singularidade, sem tentar reduzi-lo ou assimilá-lo às próprias perspectivas, crenças ou valores.

A alteridade deve estar presente nas relações interpessoais e interculturais, prevendo compreender o ponto de vista, leituras e experiências alheias. Ela nos convida a superar as culturas dominantes e as lentes pessoais, rompendo com a visão centrada nos próprios repertórios de vida, para alcançar uma visão mais ampla. Tem como princípios a dignidade humana, a justiça, a reciprocidade e a solidariedade, entre outros.

Nancy Fraser (2007) propõe o reconhecimento como uma questão de *status*, que significa examinar os padrões institucionalizados de valoração cultural em função de seus efeitos sobre a posição relativa dos atores sociais, garantindo que todos tenham paridade participativa. Quando a autora afirma que o reconhecimento deve ser visto como uma questão de *status*, está dizendo que não se trata apenas de valorizar identidades ou dar visibilidade a grupos marginalizados, mas sim de avaliar como os padrões sociais e institucionais colocam certos grupos em posições de inferioridade, desrespeito ou exclusão. Ou seja, ela chama a atenção para os efeitos práticos dessas estruturas culturais e sociais sobre a capacidade das pessoas de participar em condições de igualdade e equidade na vida social, política e econômica. Em exemplos práticos, não basta apenas reconhecer as diferenças entre homens e mulheres, ou brancos e pessoas racializadas, ou pessoas típicas e com deficiência; é necessário olhar para as estruturas machistas, racistas e capacitistas da sociedade.

Na prática, o respeito à alteridade ocorre por meio da empatia e diálogo, da disposição em aprender – trata-se de um processo cognitivo que se dá em relação ao outro. A empatia é a capacidade de compreender os sentimentos, emoções, perspectivas e contextos de outra pessoa, buscando atender às necessidades do outro.

A maior fome do ser humano é ser ouvido e compreendido. No ***diálogo****, o foco está no respeito, na acolhida e na formação de vínculos entre os participantes a partir da ampliação da compreensão sobre a estrutura de pensamento*

do outro e, portanto, do sentimento de empatia. Dialogar é desautomatizar o julgamento, a comparação, a classificação, a generalização, a exclusão. É aceitar a complexidade".
(Educar para Paz, Senac São Paulo – grifo nosso).

Esse encontro com o outro nem sempre é fácil; muitas vezes, nos deparamos com alguns desafios e barreiras, como filtros culturais e emocionais, mecanismos subjetivos de distorção da realidade, preconceitos e estereótipos construídos na cultura.

Diante da individualização e atomização dos sujeitos nas sociedades modernas, o alheamento em relação ao outro aparece como um traço psicopolítico (Costa, 1997). Para o autor Jurandir Freire Costa, a violência pública revela seu lado privado na forma de indiferença, na desvalorização do outro como sujeito moral e na negação da alteridade. E tal desconstrução moral se dá de diferentes formas, como por meio de apagamentos, desconhecimento, aversão e outras reações preconceituosas.

A atriz, poetisa e escritora Elisa Lucinda, em entrevista ao Itaú Cultural, na série "Diálogos Ausentes", em 2017, fala da invisibilidade do povo negro na cultura. E ressalta que, se em nosso país existe territorialidade (lugares onde se encontram mais negros e lugares onde se vê mais brancos), tem *apartheid*. Para garantir a alteridade, é preciso que os espaços sejam acolhedores das diferenças e, portanto, sejam eles próprios plurais.

*** PARA PENSAR**

Você tem observado os lugares que frequenta? Onde trabalha, estuda, socializa? Percebe mais a heterogeneidade ou homogeneidade?

Ao pensar na diversidade que nos constitui como sociedade, devemos recordar que os espaços são socialmente construídos, tal como feito por grandes líderes em defesa dos direitos humanos, como Zumbi dos Palmares, Martin Luther King, Madre Tereza, Malala, Maria da Penha, Chico Mendes, Mahatma Gandhi, Marielle Franco, Mandela, Greta Thunberg, dentre outros. Embora tenhamos tais lideranças como exemplos, todos nós somos corresponsáveis pela afirmação dos direitos humanos de uma sociedade plural, construindo espaços mais equitativos para todos. A hospitalidade pode ser um argumento para promoção da coletividade, da solidariedade e da alteridade na construção desses espaços comuns, em detrimento de um projeto de sociedade individualista.

Castells (1999) descreve que as pessoas resistem ao processo de atomização, agrupando-se, gerando pertencimento e, em alguns casos, uma identidade cultural. As identidades tornam-se conceitos chaves de disputa de poder. Dessa forma, lutas são necessárias. Não são apenas resistências, são também afirmação; são contraposições estéticas, linguísticas e morais; são afetividades e memórias; são materiais e simbólicas; são individuais e coletivas.

Com quais lutas você se identifica na atualidade? Vamos pensar juntos em algumas, de modo a reforçar a alteridade e a empatia:

- Movimento negro: ensina que povos racializados foram submetidos a um sistema de apagamento e opressão, portanto, é necessário buscar a valorização de suas culturas, o reconhecimento das diferenças e políticas de reparação para garantia de direitos.
- Movimento feminista: mostra que o gênero é uma construção social que tem promovido desigualdades históricas e estruturais, é fruto de um processo cultural e está associado a uma lógica econômica e social de produção, com implicações na divisão internacional do trabalho.
- Movimento LGBTQIAPN+ (lésbicas, gays, bissexuais, travestis/transexuais, queer, intersexuais, assexuais, pansexuais, não binários): nos provoca a refletir que nosso corpo a nós pertence e que novas possibilidades biográficas podem aparecer como legítimas. Denuncia que o corpo é uma realidade biopolítica de controle e que a sustentação e a manifestação do desejo estão ligadas à autonomia e liberdade – ou seja, é algo político.
- Movimento de pessoas com deficiência (PCD): conta que, ao longo da história, pessoas com deficiência foram marginalizadas, desumanizadas e excluídas e tiveram suas histórias apagadas e reduzidas ao olhar alheio em diversos momentos, como: a busca do

corpo perfeito na Antiguidade; o estigma de pecado ou caridade na Idade Média; a definição patológica da medicina e ciência moderna; e, novamente, a busca do corpo perfeito e desejável na contemporaneidade. Assim, ao falar de "Nada sobre nós sem nós", reivindica-se a paridade participativa e a acessibilidade universal e irrestrita.

- Movimento de trabalhadores: chama a atenção contra a alienação e busca a consciência de classe; a luta coletiva em prol do bem comum; o reconhecimento de antagonistas; a dignidade humana no trabalho; o direito à renda; e o direito ao lazer.
- Movimento ambientalista: ensina que também somos a natureza e que o modo de produção atual nos condenará pela destruição do meio em que vivemos. O sujeito moderno que julgou dominar a natureza enxerga hoje as consequências de sua produção. É preciso reconhecer e salvaguardar os patrimônios socioambientais.
- Movimento dos Sem-Terra (MST) e Movimento dos Trabalhadores Sem-Teto (MTST): denuncia a garantia quase que exclusiva da propriedade privada no Estado capitalista, em que cada parcela da terra é do Estado ou particular, desconsiderando a função social do imóvel e da terra. Busca uma reforma que atenda a essa função social.
- Multiculturalidade religiosa: compreende que o fundamentalismo religioso, sem a salvaguarda das crenças minoritárias, é uma forma de aculturação e violência. O diálogo inter-religioso prevê a coabitação de culturas plurais no mesmo espaço, inclusive a não crença religiosa.

Todos esses movimentos, institucionalizados ou não, contribuem para que exista a hospitalidade, seja pelo reconhecimento de diferentes culturas ou por proporcionar espaços acolhedores; seja por reivindicar uma paridade participativa e reciprocidade ou por defender a função social do espaço; seja por respeitar as diferenças ou por possibilitar a coexistência de diferentes crenças.

Tais lutas são constitutivas da cultura e ganharam prestígio social nas últimas décadas, no bojo dos movimentos modernos por direitos políticos, sociais e civis, sendo incorporadas por partidos políticos, poderes instituídos, instituições da sociedade civil e empresas.

Contudo, não se trata apenas de um conjunto de políticas orquestradas para a promoção da igualdade e positivação dos direitos humanos, mas também de um conjunto de repertórios de ação no bojo de transformações sociais das sociedades modernas, nas quais o modo de produção reproduz e recria novas estratégias de ordenamento social e reprodução do capital. Dito de outra forma, atualmente, as instituições capitalistas também incorporaram as pautas da diversidade, sobretudo aquelas atreladas às identidades, de modo a reproduzir o capital, gerar consumidores e mercadorias e até mesmo se sustentar no mercado.

Diversidade, equidade e inclusão nos serviços de hospitalidade

Para Bauman (2003), uma das marcas da modernidade é a individualização em contraposição à comunidade. A identidade aparece como alternativa à comunhão de pessoas e tradições em colapso. A ausência do Estado-Nação na garantia e confiança da segurança levou as pessoas a buscar soluções biográficas para problemas sistêmicos. A insegurança tende a transformar o multiculturalismo em multicomunitarismo e os sujeitos, por sua vez, sustentam-se em "comunidades-cabides".

Octavio Ianni, em *A Sociedade Global*, aponta que, no horizonte da sociedade global, as novas condições sociais, econômicas e culturais vão constituir o indivíduo. No processo de socialização, aparecem novas perspectivas de individualização que transcendem o local, regional e nacional a partir de padrões, signos, ideais e símbolos em circulação mundial. Para ele, a televisão desponta como uma mídia ágil e poderosa, determinando o que é importante, produzindo o que é pautado na atualidade. Acrescenta-se hoje o mesmo papel da internet e das redes sociais, que, embora tenham democratizado a produção de conteúdo, influenciam e definem os comportamentos humanos pelas estratégias de engajamento e orientação dos algoritmos.

Nesse processo de mundialização da cultura, imersos no modo de produção capitalista, observamos as identidades se converterem em mercadorias. No contexto das lutas históricas dos movimentos sociais de negros, mulheres, LGBTQIAPN+ e pessoas com deficiência, por conta do prestígio que suas bandeiras ganharam na contemporaneidade, as instituições passaram a pautar as temáticas da diversidade como política de engajamento, transparência, composição de seus quadros, visibilidade, entre outros. Tais bandeiras estão em disputa, mesmo que internamente, nessas instituições.

Enquanto políticas institucionais, empresas, entidades e governos argumentam que o objetivo é garantir os direitos de reconhecimento das diferenças, ressaltando que existem diversas formas de diferenciação social que geram desigualdades em acessos e oportunidades. Assim, por meio de ações afirmativas, as instituições buscam garantir a representatividade de grupos minorizados pelas estruturas sócio-históricas e alinham-se à ideia de que existem minorias políticas e sociais, grupos historicamente marginalizados, vulnerabilizados e destituídos dos espaços e posições de prestígio social.

Dentro de uma cultura mundializada, a tendência em incorporar essa temática aparece no final do século XX – se observarmos os movimentos sociais modernos da segunda metade do século passado, notaremos traços comuns nas formas e nos signos que são replicados pelo globo. Sobretudo a partir da década de 1960, muitos movimentos sociais se globalizam: movimentos por direitos civis; movimento negro; movimentos estudantis e antiguerra; movimentos feministas e de liberdade sexual; movimentos de contracultura e ambientalistas. Com a expansão da TV, rádio e imprensa internacional, tais movimentos ganham visibilidade massiva na década de 1980. Na década seguinte, com o advento da internet, as informações são difundidas em tempo real, diversificando as formas de articulação e difusão.

As políticas de diversidade nas instituições têm início nos anos de 1980, como ferramenta de gestão nos Estados Unidos; na década de 1990, essas políticas são potencializadas com a globalização em outros países e começam a ser descritas e estudadas em artigos científicos (Alves e Galeão-Silva, 2004; Sales, 2022).

Nesse processo, surge a "cultura woke", um termo criado nos Estados Unidos e que denota, para os movimentos sociais, a consciência das injustiças sociais. Em outras palavras, ele pode ser entendido como uma atitude de vigilância e engajamento contra preconceitos estruturais: o racismo, a misoginia, a LGBTQIAPN+fobia, o capacitismo, etc. Contudo, em paralelo, tal conceito entrou em disputa. O termo "woke" também passou a ser usado de forma pejorativa, reduzindo as práticas de diversidade a algo dentro do "politicamente correto", exagero ideológico e censura à liberdade de expressão. Não apenas o conceito – as práticas de diversidade, equidade e inclusão estão em disputa dentro e fora das instituições, no senso comum e nos documentos normativos.

No Brasil, as filiais multinacionais estadunidenses passam a reproduzir localmente as práticas das matrizes (Sales, 2022), à luz dos direitos trabalhistas previstos na Constituição Federal e dos compromissos da Convenção nº 111 da Organização Internacional do Trabalho (OIT), da qual o Brasil é signatário.

Em linhas gerais, as políticas de diversidade buscam a equidade, a inclusão e a justiça, além de gerar inovação e valor, ampliar o desempenho organizacional, demonstrar representatividade e melhorar o pertencimento e o clima organizacional. Para tanto, as empresas instituem políticas de recrutamento e seleção inclusivas, organizam treinamentos, sensibilizações e formações no tema, engajam lideranças, constroem diretrizes, metas e métricas, criam sistemas de gestão e fazem avaliações contínuas, bem como censos institucionais.

As instituições, por congregarem um corpo coletivo, são espaços de exercício político e afirmação de valores civilizatórios. Elas são fruto de decisões internas e influências externas; são campos de disputas e, quem sabe, de transformação social. Para tanto, é preciso que tenham seus valores e políticas seguidos por aqueles que delas participam, e que tais valores sejam analisados numa perspectiva crítica.

Ambientes caracterizados por discriminações sociais diversas, como a divisão sexual do trabalho, os conflitos culturais, a segregação de pessoas com deficiências, as dificuldades no acesso ao mercado de trabalho para os jovens ou pessoas com mais de 50 anos e as barreiras impostas aos trabalhadores LGBTQIAPN+ buscam ser mudados com a efetivação das práticas de diversidade. Contudo, será que estamos observando essas transformações? De que modo elas operam? Retomemos as questões de Alves e Galeão-Silva: A gestão da diversidade é capaz de criar soluções para exclusão de grupos marginalizados? Poderia, ideologicamente, esconder conflitos do campo social? Conseguiria reaver direitos por meio de ações afirmativas? (Alves; Galeão-Silva, 2004, p. 21, adaptado).

Alves e Galeão-Silva (2004), em seu artigo, descrevem que a gestão da diversidade no contexto brasileiro compreende duas bases ideológicas tipicamente nacionais: a ideologia tecnocrática e a da democracia brasileira. Nas palavras desses autores, nas teorias administrativas científicas, a naturalização da divisão do trabalho é a naturalização da condição de dominação, e tais naturalizações promovem a negação dos conflitos, os quais devem ser previstos e limitados. Já a segunda ideologia, fruto do processo de industrialização, urbanização e modernização, criou o mito da democracia racial, descrevendo o país como palco de uma convivência harmônica. Contudo, o mito escondia as desigualdades econômicas e sociais. Daí o desafio brasileiro, pois, antes de realizar as políticas institucionais da diversidade, é preciso evidenciar as injustiças estruturais que o mito da democracia racial construiu – diferentemente de outros lugares, como nos Estados Unidos, em que o preconceito era reconhecido como institucionalizado.

A transposição do modelo para o Brasil reduz o conteúdo político próprio da localidade, criando as contradições originais do nosso país. Para começar, o mito da democracia racial dificulta o reconhecimento das desigualdades institucionalizadas. Os autores sintetizam isso muito bem com uma ambiguidade presente na visão tecnocrática: "não há preconceito contra negros; o que existe é uma falta de negros qualificados" (Alves e Galeão-Silva, 2004, p. 27). Essa afirmação esconde todo um sistema que deu menos oportunidades de estudo e qualificação a pessoas racializadas, por exemplo; além disso, mascara toda a história de discriminação, de viés de escolha, das estruturas criadas por pessoas que carregavam os próprios preconceitos. E isso não acontece apenas em relação às pessoas racializadas; outros grupos são lidos da mesma forma, como inferiores ou inaptos, a partir da visão tecnocrática, que não considera as desigualdades estruturais e diferenças de oportunidades.

Primeiramente, para o reconhecimento das diferenças e desigualdades estruturais, as categorias de diferenciação precisam ser investigadas. Notamos que as instituições têm priorizado a diferença como identidade cultural; assim, usaremos essas categorias como ponto de partida para a análise. Nesse sentido, vale identificarmos os sinais das violências intrínsecas a essa categoria; para tanto, observamos sete exemplos: o racismo, a misoginia, a LGBTQIAPN+fobia, o capacitismo, o etarismo, a xenofobia e a intolerância religiosa. Vamos dividi-los em três dimensões: as relações interpessoais, as instituições e a estrutura social, lembrando que tanto as interpessoais quanto as institucionais estão inseridas na estrutural.

- Racismo: na dimensão interpessoal, algumas atitudes são: falta de vínculos de afeto com pessoas racializadas; sexualizar e objetificar o corpo negro; invisibilizar a história de pessoas negras ou indígenas; julgar os povos originários como não desenvolvidos ou preguiçosos. Na dimensão institucional, alguns exemplos são: dar menos anestesias em pessoas negras; abordagens policiais mais violentas; negligência científica, profissional e tecnológica. Na dimensão estrutural, identificamos: a evasão escolar; a população negra ter sido a mais acometida pela pandemia de covid-19; e o menor número de pessoas negras na academia, sobretudo em áreas de prestígio social. A desigualdade racial no trabalho é alarmante: dados apontam que os negros ocupam 6,3% dos cargos de gerência e 4,7% nas carreiras executivas. No caso das mulheres negras, é ainda pior, pois elas representam apenas 1,6% das posições de gerência (Instituto Ethos, 2016).
- Misoginia: observamos, na dimensão interpessoal: a interrupção de uma mulher quando ela fala, pressupondo sua ignorância;

sexualizar e objetificar o corpo feminino; agredir moralmente, psicologicamente e fisicamente. Na dimensão institucional, é possível apontar: menor número de mulheres em cargos de chefia; propagandas machistas; negligência em casos de assédio e a violência obstétrica. Embora tenham aumentado as pautas de gênero nas instituições e o investimento em representatividade em cargos de gestão, as estatísticas revelam que pouco mudou quando se trata da alta liderança. Na dimensão estrutural, podemos citar: sub-representação nas casas legislativas; feminicídio; menor renda em relação aos homens e mais tempo dedicado às tarefas domésticas. As mulheres estudam mais, ganham menos e ainda assumem mais tarefas domésticas, segundo o IBGE (Borges, 2024; *Great Place to Work*, 2020).

- LGBTQIAPN+fobia: como dimensão interpessoal, percebemos: afastamento e a negligência afetiva dos tutores; falta de proximidade às pessoas de sexualidades e gêneros dissidentes dos padrões normativos; reforço de estigmas por meio de piadas; deslegitimação de famílias homoafetivas. Na dimensão institucional, observamos: discriminação de pessoas LGBTQIAPN+ em estabelecimentos comerciais e no atendimento ao público; diferentes formas de tratamento e oportunidades em processos seletivos; e a não promoção de carreira e disponibilidade para cargos de chefia. Na dimensão estrutural, é possível notar: poucos LGBTQIAPN+ em espaços de liderança e prestígio social; a exclusão de pessoas LGBTQIAPN+ de casa e da escola; as restrições na carreira profissional; e a maior probabilidade de desenvolver problemas psicológicos em decorrência do preconceito estrutural. Cerca de 61% das pessoas LGBTQIAPN+ no Brasil não falam sobre sua sexualidade e gênero no trabalho; 90% das pessoas transvestigêneres[1] (travestis, transexuais e transgêneras) estão na prostituição e foram mais acometidas pelo desemprego na pandemia de covid-19 (Santo Caos, 2015; G1 Minas, 2020).

---

1 *Transvestigênere*: neologismo criado em 2015 pela ativista Indianarae Alves Siqueira, presidente do grupo Transrevolução, fundadora e coordenadora da CasaNem — casa de acolhimento para pessoas LGBTQIAPN+ em situação de vulnerabilidade social e do PreparaNem, programa de preparação para o Enem para pessoas trans.

- **Capacitismo:** também opera em todas as dimensões. Na interpessoal, vemos: a desumanização (seja tratando-os como coitados ou heróis); não respeitar a prioridade em espaços comuns; e reproduzir xingamentos a pessoas típicas desqualificando pessoas com deficiência. Na dimensão institucional, é possível notar: falta de acesso a serviços; não cumprimento da Lei de Cotas; e não garantir o encarreiramento de pessoas com deficiência. Na dimensão estrutural, observamos: a invisibilidade; políticas públicas negligenciadas; e baixa paridade participativa nos espaços sociais. Pessoas com deficiência têm maior dificuldade de inserção no mercado de trabalho e de acesso à educação, segundo o IBGE em matéria feita pelo Jornal Nacional em julho de 2023 (Pessoas [...], 2023).
- **Xenofobia:** na dimensão interpessoal, percebemos: xingamentos; chacota por meio da repetição do sotaque de outra pessoa; generalização e/ou inferiorização de uma cultura. Na dimensão institucional, podemos notar: a precarização do trabalho de imigrantes; os processos seletivos discriminatórios; e as propagandas e materiais audiovisuais estereotipados. Na dimensão estrutural, é possível ver: o nacionalismo e o patriotismo supremacista; o fascismo; o nazismo; as políticas eugenistas; e o acirramento das barreiras e fronteiras entre Estados-nações. Imigrantes sofrem com estereótipos, preconceito e barreira linguística (Instituto Ethos, 2021).
- **Etarismo:** na dimensão interpessoal, ele surge: por meio de comentários discriminatórios em relação aos velhos; pela falta de credibilidade conferida a um jovem por pouca ou ausência de experiência profissional; e o enaltecimento dos atributos da juventude em detrimento da velhice. Na dimensão institucional, percebemos: a não contratação de trabalhadores mais velhos, apesar de serem igualmente ou mais qualificados; a demissão de funcionários quando atingem certa idade; assédio e desvalorização relacionados à idade; e a falta de oportunidade para jovens no primeiro emprego. Na dimensão estrutural, notamos: a alta taxa de desemprego entre os jovens e a falta de oportunidades; e a hipervalorização da juventude na cultura e estereótipos negativos associados à velhice.

O preconceito etário assume várias formas e implicações no contexto do trabalho (Silva e Grawunder, 2020; Hanashiro; Pereira, 2020; Queiroz, 2023).

- Intolerância religiosa: na dimensão interpessoal, ela aparece por meio de vieses inconscientes, como: o de ancoragem[2], sustentando a interpretação da realidade numa crença absoluta, como o fundamentalismo; ou o viés de afinidade, pressupondo que todos devem acreditar em um Deus ("independente da religião, o importante é crer em Deus, pois é tudo a mesma coisa"), entre outras atitudes, como fazer piada com a crença de alguém. Na dimensão institucional, observamos: quando alguém é obrigado a professar alguma religião no trabalho; demissão por causa de uma crença; e reforço de simbologias de religiões hegemônicas no ambiente de trabalho. Na dimensão estrutural, podemos perceber: a violação da liberdade religiosa por atos terroristas, vigilância em massa, destruição de patrimônios e símbolos; e a manipulação de registros/dados (ACN, 2023; Fonseca; Andrade, 2016).

Posto isso, precisamos tensionar processos que reforçam lugares e condições de privilégio nas instituições, como a meritocracia sem inclusão, defendida pela administração tecnocrática – um modelo de gestão em que as decisões são tomadas apenas com base em métricas e requisitos que, muitas vezes, desconsideram aspectos sociais, culturais ou políticos dos indivíduos e contextos. Um exemplo simples é, num processo seletivo, exigir fluência em idioma estrangeiro sem que a ocupação demande essa expertise, apenas para usá-la como critério de seleção, desconsiderando as iniquidades sociais. Assim, devemos reconhecer os múltiplos percursos sociais, os diversos caminhos que levaram as pessoas a determinado ponto, frutos de diferentes camadas e categorias de diferenciação como as mencionadas.

No momento, em conformidade com as identidades culturais imersas no processo de mundialização, o olhar para as biografias tem ganhado atenção das narrativas. Nesse sentido, o percurso social – que é próprio

2 Viés de ancoragem: tendência de depender excessivamente da primeira informação oferecida (a "âncora") ao tomar decisões.

de cada pessoa, único e está relacionado à cultura, ao meio e às condições de vida de cada um – tem sido objeto de atenção e resposta às desigualdades. Tal percurso está atravessado por um conjunto de marcadores sociais, como as condições socioeconômicas, os estímulos afetivos e sociais, o gênero, a faixa etária, a territorialidade, a raça (enquanto conceito social), a sexualidade, as condições física, intelectual e psicológica, a crença ou ausência dela, a posição política, entre outros. Observa-se que as organizações empresariais têm priorizado alguns marcadores sociais em detrimento de outros, talvez porque prefiram aqueles que são mais facilmente convertidos em mercadorias.

Reconhecer que cada indivíduo tem um percurso social próprio não é a mesma coisa que naturalizar os lugares de cada um. É preciso construir a diversidade e a inclusão como um valor. E pensar nisso à luz dos objetivos do desenvolvimento sustentável tem sido um caminho institucional para promoção da igualdade.

A pesquisa global da McKinsey, *Diversity Matters* (2020), aponta que empresas que adotam a diversidade são mais saudáveis, felizes e rentáveis. Funcionários de empresas comprometidas com a diversidade têm probabilidade 152% maior de propor novas ideias; 62% maior de serem incentivados a colaborar com outras equipes; e são 64% mais propensos a compartilhar ideias e melhores práticas. Liberdade e autonomia também são potencializadas: a pesquisa mostra que funcionários nessas empresas têm 42% menos probabilidade de afirmar sentirem-se como "estranhos" no trabalho do que aqueles em empresas que não adotam a diversidade. Em geral, as empresas percebidas como comprometidas com a diversidade apresentaram resultados melhores do que aquelas que não adotam essas políticas. O estudo ainda mostra que práticas eficazes de negócios e comportamentos de liderança criam uma saúde organizacional mais sólida.

Muitas empresas têm trabalhado a diversidade no contexto das políticas de ESG, uma abordagem para avaliar até que ponto uma instituição/corporação atua em benefício de objetivos comuns e sociais que vão além de sua intenção em maximizar os lucros. A agenda ESG tem sua origem no Pacto Global, do início dos anos 2000, lançado pelo então 7º secretário-geral das Nações Unidas, Kofi Annan. É hoje a maior iniciativa de sustentabilidade corporativa do mundo, abrangendo organizações de mais de 160 países, e advoga dez princípios universais, derivados da Declaração Universal de Direitos Humanos, da Declaração da Organização Internacional do Trabalho, da Declaração sobre Meio Ambiente e Desenvolvimento e da Convenção das Nações Unidas contra a Corrupção.

As ações de ESG promovem um conjunto de benefícios às instituições, como: fator econômico, linhas de crédito, responsabilidade social e ambiental, credibilidade junto aos parceiros e sociedade, competitividade, entre outros. Também contribui com trabalho digno, redução das desigualdades, promoção de qualidade de vida e saúde no trabalho e políticas de diversidade, equidade e inclusão (DE&I).

Contudo, é preciso ter cuidado, pois assim como as pautas ambientais ganharam força e prestígio social nas décadas de 1960 e 1970, sendo na década seguinte cooptadas pelas políticas falso-ecológicas, a diversidade também pode ser forjada. Assim, chamamos a atenção para o perigo do seu esvaziamento nesse momento em que as pautas da diversidade alçaram relevância social nos discursos do cotidiano e na grande mídia.

O termo *greenwashing* se refere à prática de empresas que tentam parecer ecologicamente corretas ou sustentáveis por meio de ações superficiais, sem realmente adotar práticas ambientalmente responsáveis. Inspirados pelo termo, autores como Liliane Rocha (2022) têm usado a expressão *diversity washing* para se referir à prática de empresas e organizações que tentam dar a impressão de serem diversas e inclusivas por meio de ações superficiais ou simbólicas, quando, na realidade, não promovem a diversidade de forma significativa e eficaz. Trata-se de uma crítica à falta de compromisso genuíno com o tema.

Censos e diagnósticos simplistas; treinamentos superficiais e pouco aprofundados; programas de diversidade sem metas, avaliação e sistema de gestão; ausência de critérios de encarreiramento e de ações afirmativas estruturadas; negligência diante dos evidentes processos que sustentam privilégios; e a precarização do trabalho, sobretudo para aqueles já vulnerabilizados face a um discurso e política de visibilidade focados apenas na representatividade são alguns dos exemplos que podemos elencar.

Para destacar e integrar as políticas de DE&I no contexto da agenda ESG, sintetizamos alguns exemplos a seguir.

ESG

- Ambiental: proteção da flora e fauna; atividades de educação ambiental; preservação dos recursos hídricos; redução de emissões de carbono e ampliação de práticas sustentáveis.
- Social: relações com pessoas colaboradoras, clientes, fornecedores e a comunidade; responsabilidade social.
- Governança: transparência, políticas anticorrupção, *compliance*, liderança ética, ouvidorias e canais de denúncia.

DE&I

- Diversidade: valorização de diferentes identidades, culturas e da condição humana, reconhecendo os marcadores sociais da diferença.
- Equidade: acesso igual às oportunidades, considerando as necessidades específicas do indivíduo por meio de políticas afirmativas.
- Inclusão: criação de um ambiente em que todas as pessoas se sintam pertencentes.

Para implementação de programas de diversidade, equidade e inclusão, é possível adotar as seguintes etapas:

a. Identificação: elencar problemas e barreiras emergentes, setores-chaves para o desenvolvimento do programa e suas interfases, e convidar interessados no tema que queiram contribuir no desenvolvimento de um ou mais comitês de diversidade.
b. Capacitação: treinar e formar equipes internas para multiplicação, desenvolvimento de competências e ganho de repertórios para cultura institucional.
c. Censo: conhecer a composição das equipes, escolher os indicadores a serem analisados e aplicar um questionário para análise demográfica institucional com base na Lei Geral de Proteção de Dados (LGPD).

d. Diagnóstico: relacionar os dados da pesquisa (censo) com os levantamentos externos e sínteses demográficas e analisar as informações obtidas para proposição de ações e metas, definindo prioridades e temas emergentes.
e. Metas: estabelecer metas com base no diagnóstico. Exemplo: se uma das violências apontadas pelos respondentes for o racismo e nota-se a subrepresentatividade de pessoas negras na instituição, esse é um tema emergente. A meta pode ser treinar 100% da equipe para letramento racial e, por meio de políticas afirmativas, ampliar em porcentagem igual à demografia local o número de contratações nos processos seletivos.
f. Multiplicação: escalonar os treinamentos e capacitações sobre os temas emergentes e definidos pelo(s) comitê(s), contemplando o maior número de membros da instituição.
g. Avaliação: avaliar o número de pessoas impactadas, produzir relatório de ações e definir novas metas. A depender do resultado dos trabalhos, a instituição pode pleitear selos de reconhecimento de diversidade.

Figura 1.1 – Etapas de implantação e desenvolvimento de programas de diversidade, equidade e inclusão nas instituições

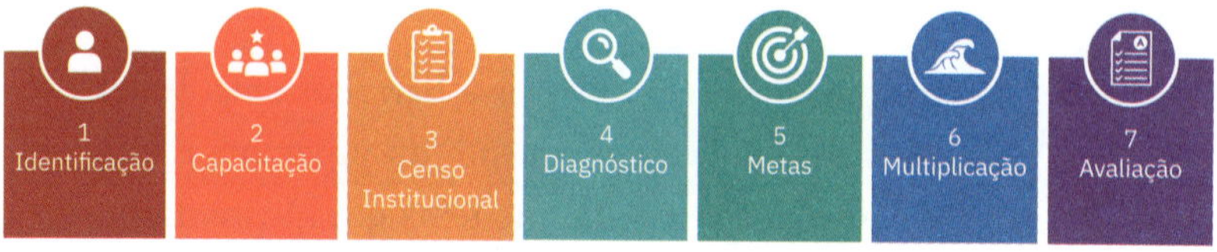

Assim, pensando na prestação de serviço no comércio de bens, serviços e turismo, no qual a hospitalidade deve ser um fator de atração e fidelização de clientes, é de suma importância que profissionais e instituições estejam abertos para a diversidade, bem como saibam se relacionar com ela, garantindo a equidade e a inclusão.

O turismo e os serviços de hospitalidade, tanto como fenômenos sociais quanto por serem atividades econômicas, não podem estar aquém ou anacronicamente descolados de seu tempo histórico e das reivindicações sociais do presente. Na dimensão econômica, é notório que a pauta da diversidade tem tido prestígio social, sendo uma forma de reprodução do capital. Em outras palavras, uma empresa ou serviço, uma instituição ou profissional que não considere essa dimensão certamente estará obsoleto e perdendo público. Enquanto fenômenos sociais, não parece racional nem tampouco ético que, diante das informações e cultura atual, se perpetuem atitudes, ações e barreiras racistas, misóginas, capacitistas, LGBTfóbicas, aporofóbicas[3], intolerantes com as crenças alheias e etaristas.

A seguir, vamos descrever alguns casos para entender na prática como podemos observar a garantia ou não da alteridade, hospitalidade e diversidade no comércio de bens, serviços e turismo.

Caso 1: recepcionista de hotel

Uma recepcionista muçulmana que atua na recepção de um hotel tem demonstrado sutilmente seu descontentamento e tristeza ao ser desrespeitada no ambiente de trabalho e durante o atendimento por conta de suas tradições religiosas e ancestralidade árabe. Sempre surgem piadas de que ela é terrorista e que é submissa ao machismo por usar o hijab.

Para refletir:

- O hijab é uma tradição cultural, portanto, não cabe analisar seu uso com os filtros culturais ocidentais.
- É importante diferenciar as religiões, a espiritualidade e as crenças, previstas como direito humano, do fundamentalismo religioso, muitas vezes autoritário e seletivo.
- A visão do árabe e dos muçulmanos é muitas vezes reproduzida com estereótipos que não retratam a realidade.
- O multiculturalismo prevê que culturas diferentes não podem ser lidas pelas mesmas lentes culturais nem tampouco serem julgadas.

3 Aporofobia: aversão, rejeição ou ódio a pessoas pobres.

✱ PARA SABER MAIS

O documentário *Filmes ruins, árabes malvados* retrata a construção desse imaginário distorcido e preconceituoso contra pessoas da cultura em questão. Disponível em: https://youtu.be/__KTxZC2fLs?si=KxxrPctZ4SHM7cub.

Caso 2: guia de turismo

Uma guia de turismo se sente deslegitimada em seu trabalho por ser uma mulher. É formada no curso técnico de guia de turismo, especializada em atrativos naturais e tem experiência na condução de grupos em parques; no entanto, quando está fazendo trilha, seus colegas de guiamento sempre querem tomar sua frente, dizendo que os homens "estão mais aptos para guiamentos de ecoturismo". Ela fica indignada e é tida como séria e individualista.

Para refletir:

- A divisão internacional do trabalho tem recorte de gênero; contudo, cientes disso, precisamos nos posicionar eticamente e desconstruir os estereótipos de gênero no trabalho.
- Competências unem conhecimentos, habilidades e valores, portanto, independem do gênero das pessoas. Na prática profissional, tais competências é que devem ser indicadores de qualidade e profissionalismo.
- Construções sociais de gênero não podem ser limitadoras de atuação. Cada profissional escolhe por si suas preferências.
- Cuidado para não reforçar lugares determinados por gênero, com atenção aos vieses inconscientes sobre a cultura e representações de gênero que não condizem com a realidade. Exemplos: mulheres dirigem mal, homens são mais racionais e objetivos, mulheres não são aptas para tarefas braçais, homens não têm sensibilidade. Todas essas afirmativas estão calcadas em estereótipos.

* PARA SABER MAIS

Para continuar essa conversa sobre gênero e mercado de trabalho, indicamos o vídeo “A mulher no mercado de trabalho – Cargos e salários”. Disponível em: https://youtu.be/Z5pwvyf6vCw?si=qQ_tNYjYGKy2GZ9M.

Caso 3: empresa de aviação

Até dezembro de 2017, o escritório de uma companhia aérea no aeroporto de Congonhas, em São Paulo, tinha uma capela cristã, ornamentada com imagens de santos, terços, bancos de madeira com genuflexório, crucifixo e bíblia. Em 2018, a empresa fez um censo e, a partir de questões sobre religião, notou a diversidade religiosa de seus colaboradores. Foi assim que nasceu o Centro de Liberdade Religiosa, um lugar ecumênico sem nenhuma referência a religiões específicas.

Para refletir:

- É importante garantir o relativismo cultural, sem etnocentrismos. Não utilizar imagens e simbologias que afirmem apenas uma religião.
- A diversidade de crenças e o diálogo inter-religioso devem ser incentivados, referenciando e afirmando diferentes cosmovisões e também a não crença.
- Iniciativas que promovam religiões discriminadas no território são bem-vindas, para evitar a intolerância e perseguição.
- Atenção aos códigos de vestimentas excludentes, como saias, hijab e guias, entre outros.

* PARA SABER MAIS

A matéria especial “‘Brasil em Constituição’: liberdade religiosa é um direito garantido a todos os brasileiros”, feita pelo Jornal Nacional, mostra que nem sempre todas as religiões foram incluídas na nossa Constituição. Disponível em: https://g1.globo.com/jornal-nacional/brasil-em-constituicao/noticia/2022/09/07/brasil-em-constituicao-liberdade-religiosa-e-um-direito-garantido-a-todos-os-brasileiros.ghtml.

Caso 4: empresa de eventos

Uma empresa de eventos sociais, com foco em casamentos, se recusa a fazer o casamento de um casal de homossexuais. A alegação da empresa é que o casal em questão não faz parte do perfil de seus clientes e a cerimônia não está alinhada aos valores dos prestadores de serviço. Além disso, eles se pronunciam nas redes sociais para dizer que estão sofrendo "heterofobia", mas apagam a postagem horas depois. O caso repercute e "viraliza", e os noivos registram boletim de ocorrência por discriminação. Para piorar, em conversa presencial com o casal, uma representante da empresa forja uma proximidade que não existia.

Para refletir:

- Nenhuma empresa prestadora de serviço pode fazer distinção de seus clientes, sob pena de ser acusada de discriminação.
- Desde 2019, o Supremo Tribunal Federal (STF) criminaliza a homotransfobia, equiparando-a ao racismo até que exista lei específica.
- Algumas propostas para eliminação de barreiras e violências internamente na empresa são: construir ambientes acolhedores, engajar lideranças, estimular a formação de comitês e implantar uma área de DE&I, além de realizar formações e treinamentos.
- O Ministério do Turismo possui a cartilha *Dicas para atender bem turistas LGBTQIA+*, que conta com uma série de orientações, como: mostrar respeito na mesma medida; ter cuidado com referências populares que reforcem estereótipos; nunca fazer piadas ou comentários preconceituosos; não presumir intimidade exagerada, a sexualidade de alguém ou que as pessoas devam falar sobre isso publicamente, entre outras atitudes.

* PARA SABER MAIS

Recomendamos a leitura da cartilha: *Dicas para atender bem turistas LGBTQIA+*, criada pelo Ministério do Turismo. Ela tem conceitos interessantes e pode ajudar muito a saber como agir em momentos cotidianos. Disponível em: https://www.gov.br/mdh/pt-br/navegue-por-temas/lgbt/publicacoes/dicasparaatenderbemturistaslgbtqia.pdf.

Caso 5: camareira de meio de hospedagem

Uma camareira transexual faz uso do banheiro feminino. As outras colegas de trabalho se recusam a usar o mesmo banheiro, justificando que não se sentem confortáveis. A gerente do meio de hospedagem não sabe o que fazer e solicita uma consultoria em Diversidade, Equidade e Inclusão.

Para refletir:

- Conversar individualmente com as pessoas envolvidas, buscando restabelecer os vínculos de confiança e posicionando o código de ética da instituição.
- Fazer treinamentos internos de sensibilização.
- Difundir as políticas e valores da empresa e normativas que impeçam a discriminação no ambiente de trabalho.
- A instituição deve ser legalista. Não há qualquer lei que restrinja o uso do banheiro; a orientação é usar conforme indicação, ou seja, conforme a pessoa se identifica.

✱ PARA SABER MAIS

O Ministério Público do Trabalho instituiu uma nota técnica (02/2020) para a atuação do próprio ministério na defesa de direitos da população LGBTIQ+ no trabalho. Essa nota trata da promoção da igualdade de oportunidades e do combate à discriminação contra essa população. A nota está disponível no seguinte link: https://ibdfam.org.br/assets/img/upload/files/070DD0C8315E98_nota-tecnica.pdf.

Caso 6: agente de viagens

Embora a maior parte da população brasileira seja negra, estudos da área social e de turismo confirmam que negros viajam menos que brancos, mesmo com renda parecida. Fatores determinantes incluem condições econômicas, racismo estrutural e falta de identificação cultural no turismo. Consciente de que o racismo estrutural se reproduz no turismo, um agente de viagens de uma agência receptiva de São Paulo busca mudar esse cenário e passa a organizar alguns roteiros afro-centrados, difundindo narrativas negras e escolhendo simbologias e valores afro-brasileiros civilizatórios para serem apresentados e vivenciados em seus itinerários.

Para refletir:

- É importante difundir narrativas e não priorizar apenas cosmovisões e histórias dominantes.
- Profissionais envolvidos na roteirização e em toda cadeia produtiva do turismo devem ter letramento e postura antirracista.
- É preciso reconhecer que o racismo é estrutural, portanto, afeta as instituições e pessoas, sendo necessárias ações afirmativas que promovam a cultura afro-brasileira, indígena e de outros grupos racializados.

*** PARA SABER MAIS**

Caso você esteja curioso sobre a possibilidade de um roteiro de turismo que conte as histórias afro-brasileiras, indicamos o vídeo: "Resistência Negra", do *Circuito Memória Paulistana*. Disponível em: https://circuitomemoriapaulistana.com.br/circuitos/resistencia.

Caso 7: cliente em restaurante

Um cliente combina com os amigos um encontro em um restaurante para comemorar a aprovação no vestibular. Ao chegar no local, o grupo de amigos nota a falta de acessibilidade. As mesas eram muito próximas umas das outras, dificultando a locomoção, não havia cardápio em braile e o garçom nunca se dirigia ao cliente que fez a reserva, que é uma pessoa cega – sempre perguntava aos amigos o que ele desejava, como se ele não pudesse escolher e pedir sozinho.

Para refletir:

- As pessoas com deficiência foram, ao longo da história, envolvidas em várias narrativas estereotipadas e limitadas. Na Antiguidade, foram vistas como o corpo imperfeito; na Idade Média, como aberrações e castigos divinos; na Modernidade, como defeituosas, doentes e limitadas. Contudo, é importante reconhecer que uma condição não define as pessoas, suas capacidades e potencialidades. Portanto, é preciso reconhecer que a sociedade reproduz o capacitismo e isso precisa mudar.
- A acessibilidade não é apenas arquitetônica, mas também atitudinal, comunicacional, metodológica e programática, entre outras dimensões.
- No atendimento, sempre se dirija à pessoa com deficiência, a não ser que não seja possível.
- Não trate as pessoas com deficiência como crianças – exceto, claro, se elas o forem – nem as encare apenas como exemplo de superação, pois isso pode desumanizá-las.

✱ PARA SABER MAIS

Na mesma linha da cartilha sobre as pessoas LGBTQIA+, indicamos a leitura de *Dicas para atender bem turistas com deficiência*, também do Ministério do Turismo, com informações interessantes e úteis sobre pessoas com deficiência e como devemos tratá-las. Disponível em: https://www.gov.br/turismo/pt-br/centrais-de-conteudo-/publicacoes/DICASPARAATENDERBEMTURISTASPCDs.pdf.

Arrematando as ideias

Neste capítulo, a hospitalidade foi abordada como prática social e cultural, destacando sua relação com a alteridade. Apresentamos o conceito de hospitalidade e suas referências históricas, bem como sua institucionalização como disciplina acadêmica, entendendo que a hospitalidade pode acontecer em diferentes domínios: no doméstico, no público e no comercial. A alteridade foi discutida como um princípio essencial para superar preconceitos e construir uma sociedade mais inclusiva.

Diante da diversidade cultural, buscamos apontar os desafios da multiculturalidade e o necessário reconhecimento das diferenças, propondo a empatia e o diálogo como soluções.

Assim, contemplamos a diversidade, equidade e inclusão (DE&I) nos serviços de hospitalidade, compartilhando como as empresas têm adotado políticas de diversidade alinhadas à agenda ESG (Environmental, Social, and Governance). Vimos que tais ações contribuem para melhorar a representatividade, a inclusão e a inovação nas instituições.

Contudo, alertamos sobre práticas superficiais, que acontecem quando as organizações trabalham tais temáticas apenas devido ao prestígio social que podem alcançar, sem de fato transformar a realidade – o conceito de diversity washing.

Também discutimos as barreiras e os desafios atrelados ao racismo, à misoginia, à LGBTQIA+fobia, ao capacitismo, ao etarismo, à xenofobia e à intolerância religiosa, com exemplos práticos no setor de turismo e hospitalidade.

Por fim, propusemos algumas estratégias e etapas para implementação de programas de diversidade, equidade e inclusão em instituições, enfatizando a importância do compromisso genuíno para transformar ambientes institucionais e sociais em espaços mais acolhedores e justos.

2 Diversidade nos serviços de hospitalidade

EXISTE PRECONCEITO DE CÔR NO BRASIL

Mulher ganha 24,6% menos que o homem

Parcela feminina abrange 51,1% dos desocupados na região Metropolitana

Com pandemia, desigualdade racial no mercado de trabalho bate recorde

Marcas da Covid

Vítima de racismo ganha emprego de volta

Justiça manda Eletrosul recontratar técnico demitido em 1992 por ser negro, criando jurisprudência

As imagens neste começo de capítulo têm o intuito provocativo: elas agregam um conjunto de notícias que configuram e escancaram a dinâmica do preconceito que se estende em nosso país, sobretudo hoje, quando é possível acompanhar a qualquer momento, e de qualquer lugar, os fatores que correspondem à justiça e à equidade social.

Olhando para essas notícias, reflita: como você percebe as questões a respeito do preconceito e discriminação em seu entorno? Na sua opinião, como a imprensa, a empresa em que você trabalha e o poder público se mobilizam para combater a desigualdade e as diversas formas de preconceito?

Pilares teóricos da diversidade, equidade e inclusão

Antes de me debruçar nas entranhas do preconceito, gostaria de me apresentar a você, falar um pouco sobre mim e a minha relação com o tema. Já adianto que escrever é sempre um desafio, sobretudo quando o assunto perpassa minha caminhada pessoal e profissional.

Sou uma mulher negra, com dreadlocks naturais na altura da cintura, cultivados há mais de 25 anos, e algumas tatuagens pelo corpo. Sou uma mulher magra, alta, heterossexual, jongueira e candomblecista. Educada e criada por uma mãe "solo" em uma família de negros jongueiros e macumbeiros da cidade de Campinas, sempre fui ligada à cultura, aos movimentos sociais e muito dedicada a viajar e conhecer o mundo.

Você deve estar se perguntando: por que ela está dizendo tudo isso? Fiz essa introdução porque muito do que será discorrido a seguir, além de ser construído a partir de um arcabouço teórico, faz parte das experiências e vivências que acontecem a todo momento, seja no trabalho, em uma viagem, em um jantar: faz parte do meu cotidiano. Essa reflexão tem a ver com lugar de fala, e eu decidi transformar essas experiências em saberes, então é isso que você verá a seguir: um pouco dos meus estudos entrelaçado com as questões que vivencio.

As questões acerca da diversidade, equidade e inclusão são eminentes nas pautas políticas, sociais e empresariais. A cada ano crescem as ações pautadas na orientação e fomento de uma atmosfera inclusiva e equitável. Os setores público e privado e o terceiro setor são responsáveis por impulsionar diretrizes e condutas primordiais para reconhecer e valorizar as diferenças entre os indivíduos e os grupos em todo o mundo.

Em pesquisa publicada pela Empresa Brasileira de Turismo (Embratur), de 2025, o setor de turismo no Brasil apontou um desenvolvimento relevante em investimentos estrangeiros em 2024, batendo a marca de US$ 360 milhões. O montante representa um aumento de 40% em relação a 2023, quando o país recebeu US$ 257 milhões em investimentos diretos no setor. De acordo com a Embratur, os dados fazem parte de um levantamento realizado pelo Ministério do Turismo, com base em informações do Banco Central (Bacen). Entre 2023 e 2024, o país acumulou um total de US$ 617 milhões em divisas externas ligadas a atividades turísticas. Esse resultado reflete o reconhecimento de investidores internacionais nas potencialidades do turismo brasileiro, impulsionado por estratégias de promoção e infraestrutura.

Diante desses dados, é importante reconhecer, no processo de fomento, a grande área do turismo, além de saber quais estratégias implicam diretamente nos fatores que se estendem à hospitalidade, à inclusão e à diversidade como garantia da equidade e do desenvolvimento sustentável da indústria.

De acordo com Zukunelli, Mozzato e Padilha (2024), a diversidade, equidade e inclusão no turismo são importantes na perspectiva da maximização do potencial econômico, criativo e social dessa indústria, uma vez que, ao promover práticas inclusivas, o turismo pode atender a uma gama mais ampla de necessidades e preferências, abrangendo diferentes culturas, habilidades, idades, orientações sexuais, entre outras singularidades.

O intuito desta seção é abordar, mesmo que de maneira sucinta, os conceitos que norteiam a diversidade, a equidade e a inclusão aplicadas à hospitalidade. Vamos apresentar, a seguir, de que forma a diversidade e inclusão vêm se construindo e ganhando espaço e frequência no Brasil e no mundo.

Na grande área que envolve a hospitalidade e, por consequência, o turismo, a hotelaria, a gastronomia e o setor de entretenimento, é possível mensurar incrementos promovidos pelas empresas e pelos núcleos receptores, serviços e equipamentos turísticos e setor público, entre outros, aplicados à promoção da diversidade e inclusão. Mas sabemos dos desafios e gargalos que são assumidos quando se tornam evidentes as ações afirmativas como elementos norteadores do modelo de gestão.

A palavra “diversidade” sugere pluralidade, multiplicidade, promoção de um ambiente inclusivo, sem barreiras, que agrega povos e grupos. De acordo com o Dicionário online de português (Dicio), diversidade, quando atribuída como característica ou estado, consiste no que é diverso, diferente, diversificado; não semelhante, diverso, diferente, variado; variedade: a exposição apresentava grande diversidade de obras de arte. Ou seja, é o conjunto de características culturais que, observadas em pessoas circunscritas num mesmo espaço geográfico (país, cidade, região, etc.), caracteriza costumes, hábitos sociais ou crenças que variam de uma pessoa para outra.

Refletindo a respeito do conceito de diversidade e como ele transcorre ou se apresenta como ferramenta de gestão e inclusão, é possível analisar quem são esses grupos, como se posicionam e como são reconhecidos e representados pela sociedade.

A formação do Brasil como nação sugere a diversidade multiétnica, multicultural e multilinguística, ou seja, uma sociedade plural, assim como se observa em diversos países no mundo, sobretudo aqueles em que a diáspora[1] teve grande influência na formação social. É possível então apontar as questões étnicas, seguidas das questões culturais e de regionalidade que compreendem os programas de diversidade no Brasil e no mundo e que, por conseguinte, fazem parte do arcabouço de ações desempenhadas pelos setores público e privado, que carecem de ações afirmativas e inclusivas. Podemos acrescentar aqui as questões de gênero, orientação sexual, religiosidade, refugiados e imigrantes.

Embora o prisma deste livro seja a hospitalidade, há um conceito que acreditamos que se enquadre de maneira contundente na construção da relação entre a diversidade e a hospitalidade:

> *O termo diversidade (Verschiedenheit [alemão]; Diversity [inglês], Diversité [francês], Diversità [italiano], etc.) designa, normalmente, a qualidade ou a condição do que é diverso, as características ou elementos diversos entre si, que existem sobre um assunto, ambiente, etc. Afirma-se que há, por exemplo, atualmente, uma diversidade de opiniões ou pontos de vista, diversidade de costumes, hábitos, comportamentos, crenças e valores, uma diversidade*

1 Diáspora: separação de um povo ou de muitas pessoas, por diversos lugares, geralmente causada por perseguição política, religiosa, ética ou por preconceito.

sexual, a diversidade biológica ou a biodiversidade etc. [...] diversidade envolve tanto uma igualdade quanto uma desigualdade, que torna duas coisas tanto iguais quanto desiguais. Ora, diversidade congrega 'a igualdade e a desigualdade de um terceiro, um outro, enquanto elas mesmas são'" (Konzen, 2012).

Segundo o autor, se ocorrem políticas e ações afirmativas voltadas à diversidade, é porque a desigualdade está presente e precisa ser reparada; para que a promoção dessas ferramentas seja consolidada de maneira efetiva e assertiva, é importante considerar comportamentos, crenças, hábitos, diversidade sexual, diversidade de gênero e a etnicidade.

Já a inclusão (ou, como costumo dizer, "o recheio do bolo") se desenvolve associada às práticas e maneiras de gerir a partir de estratégias e diretrizes fincadas na promoção da igualdade em todos os indivíduos que habitam aquela sociedade. De acordo com o dicionário Michaelis, inclusão é: "Ato ou efeito de incluir(-se); introdução de uma coisa em outra, de um indivíduo em um grupo etc.; inserção". Já segundo Zukunelli, Mozzato e Padilha (2024), a inclusão, por sua vez, refere-se ao esforço contínuo das organizações para estabelecer um ambiente de trabalho em que todos os indivíduos se sintam valorizados e respeitados, independentemente das suas diferenças, promovendo igualdade de oportunidades e participação ativa dos funcionários.

Em muitas empresas ou modelos de gestão, é possível compreender suas ações por meio de um conjunto de técnicas definidas a partir da sigla D&I, que se refere à "diversidade e inclusão". Com o tempo, a sigla teve alguns desdobramentos e hoje é representada por DE&I, indicando um modelo de gestão que adota políticas para promoção da "diversidade, equidade e inclusão". A DE&I se tornou um dos temas centrais na pauta da gestão estratégica das organizações, impulsionada por conscientização dos direitos, criação de novas leis de inclusão e não discriminação e, ainda, pela crescente valorização dos aspectos da agenda ESG (environmental, social and governance) ou ASG (ambiental, social e governança) para negócios nos últimos anos (Goldenberg, 2023, p. 19).

✱ PARA SABER MAIS

No momento da publicação deste livro, as políticas de diversidade e inclusão estão, de certa forma, sob ataque com as diversas decisões tomadas pelo presidente Donald Trump, dos Estados Unidos. Um exemplo de como isso pode afetar o restante do mundo é a tentativa de interferência de Trump nas decisões relativas a essas políticas tomadas por diversas empresas da União Europeia. Leia mais sobre isso na matéria: "Trump pressiona empresas europeias a acabarem com políticas de diversidade". Disponível no link: https://oglobo.globo.com/economia/noticia/2025/03/29/eua-pressionam-empresas-europeias-a-acabarem-com-politicas-de-diversidade.ghtml.

Goldenberg complementa que, neste cenário, *stakeholders* pressionam pelo avanço da pauta nas empresas com as quais interagem, conforme mostramos no quadro 2.1.

Quadro 2.1 – *Stakeholders*: diversidade, equidade e inclusão – DE&I

Acionistas, investidores e órgãos regulamentadores de mercado pressionam por mais diversidade nos conselhos e em posições executivas.
Clientes fazem escolhas mais conscientes quando adquirem produtos e serviços pautados nos compromissos das empresas no tema.
Profissionais estão mais seletivos na definição de companhias nas quais querem trabalhar.
Colaboradores e *colaboradoras* exigem equidade de oportunidades e ambiência justa e sem discriminação dos seus empregadores.
A *sociedade*, mais consciente do contexto de desigualdade social e do poder de mobilização, principalmente nas mídias sociais, expressa descontentamento e desaprovação, impulsionando posicionamentos e atuações genuínas das empresas para se tornarem cada vez mais diversas, justas e inclusivas.

Fonte: Goldenberg (2023, p. 19).

É importante ressaltar que uma gestão que promove a diversidade a partir da inclusão de diretrizes, estratégias e ações caminha para uma sociedade equitavelmente mais justa.

De acordo com Zukunelli, Mozzato e Padilha (2024), a inclusão e a diversidade desempenham um papel significativo, pois, ao promover ambientes acolhedores e respeitosos, as organizações podem não só atender às expectativas de uma clientela cada vez mais diversificada, mas também demonstrar um compromisso verdadeiro com a equidade e a valorização das diferenças.

Buscando relacionar as questões pautadas na diversidade e inclusão e apontadas como elementos orientadores para as ações de DE&I, com foco nas prestações de serviços que ocorrem na hospitalidade, é imprescindível refletir acerca da mediação e do relacionamento de pessoas empenhadas no acolhimento, no tratamento e no cuidado com excelência. A via de mão dupla que se dá nas relações e na prestação de serviço em hospitalidade é um grande desafio do ponto de vista da inclusão, do respeito às diferenças e da valorização dos grupos envolvidos. De acordo com Ferro e Bastos:

> *A hospitalidade não se estabelece sem que haja uma relação interpessoal. Nem todas as relações sociais estabelecidas por nós são essencialmente hospitaleiras, apesar da grande probabilidade de serem. Para tal, é necessário que exista a personificação de dois atores sociais desempenhando papéis já citados anteriormente: um de anfitrião e outro de hóspede. [...] A hospitalidade depende do reconhecimento da diferença entre as pessoas, ou seja, ambos os atores devem ser, necessariamente, diferentes no caráter subjetivo. Soma-se a isso o fato de cada indivíduo possuir e exercer o poder sobre o seu espaço, seja esse físico ou psíquico. É só a partir do reconhecimento da diferença e/ou do poder sobre o espaço que a hospitalidade pode emergir como um fenômeno de inauguração ou de fortalecimento de vínculos sociais entre os indivíduos (Ferro; Bastos, 2024).*

Em resumo, podemos entender que a hospitalidade não exerce sua função de maneira orgânica sem considerar, envolver e valorizar a diversidade, a equidade e a inclusão. A gestão responsável e sustentável das atividades de hospitalidade precisa ter em foco os valores, hábitos e crenças culturais, sociais, étnicas e biológicas de uma nação.

Alguns conceitos transitam e se estendem nas questões que envolvem a diversidade e a inclusão de maneira implícita ou explicita, e é importante pontuá-los, mesmo que de maneira sucinta, pois é essencial compreendê-los para chegar a boas mediações com a sociedade e com gestores e interlocutores públicos.

A gestão da diversidade, equidade e inclusão é direcionada a um grupo com recortes que incluem gênero, raça, orientação sexual, entre outros, de acordo com a regionalidade e políticas locais.

Na gestão da hospitalidade fincada em ações que promovam a diversidade, a equidade e a inclusão, outros fatores precisam ser considerados e alinhados, mesmo que de forma subconsciente: os marcadores da diferença, a justiça social, os direitos humanos, o pertencimento, os estereótipos, os grupos minorizados, os privilégios, interseccionalidade e lugar de fala. Vamos explicar a seguir cada um desses pontos.

- Marcadores da diferença: são as características que compõem cada indivíduo e geralmente estão relacionados com a desigualdade perante grupos que não carregam nenhum marcador de diferença.
- Justiça social: a justiça social pode ser percebida a partir de três concepções: a redistribuição, o reconhecimento e a representação, o que chamamos de "os três erres" da justiça social. Dentro da justiça social, o reconhecimento é definido como a ausência de dominação cultural, isto é, baseia-se no objetivo de aceitar as diferenças culturais, étnicas, raciais e sexuais como legítimas. A valorização de padrões não hegemônicos procura desenvolver um novo paradigma de justiça, situada no reconhecimento das minorias. Já a redistribuição, como o próprio termo diz, baseia-se em redistribuir bens primários, defendendo uma apropriada divisão dos benefícios e recursos da sociedade. Por fim, a representação pressupõe a promoção do acesso e a tentativa de garantir a participação dos que são excluídos pela sua etnia, idade, sexo, gênero, orientação sexual e capacidade física e mental, entre outros fatores,

da vida social. Nesse sentido, a justiça social é mais abrangente que os direitos humanos, uma vez que são necessários diversos fatores para uma vida plena (Pereira; Ramos, 2021).

- Direitos humanos: para a Organização das Nações Unidas (ONU), os direitos humanos são normas que protegem e reconhecem a dignidade de todos os seres humanos. São direitos inerentes a todos, independentemente de raça, sexo, nacionalidade, religião, entre outros (Declaração dos Direitos Humanos, 1948).
- Pertencimento: vamos definir este tópico a partir da perspectiva da autora bell hooks na obra *Pertencimento: uma cultura do lugar*, na qual ela defende que "o pertencimento é um processo de construção de identidade e relações, que pode ser alcançado ao resgatar a memória e se conectar com os valores ancestrais". Para hooks (2022, p. 271), é "um lugar onde eu poderia me sentir em casa, uma paisagem da memória, do pensamento e da imaginação".
- Estereótipos: são construções sociais preconcebidas, enraizadas em crenças populares amplamente disseminadas sobre determinados grupos, que influenciam de forma significativa nossos modos de perceber, recordar e nos relacionar com os outros. Ainda que eventualmente expressem traços da realidade, eles trazem reduções simplificadoras que impactam de maneira profunda a construção da autoimagem, o acesso a oportunidades e as dinâmicas das interações sociais. Nesse momento, vamos falar dos estereótipos ligados ao negro, para exemplificar. Do ponto de vista racista, o corpo negro está preso à natureza, aos instintos selvagens, à sexualidade. É nesse sentido que Frantz Fanon afirma, em alguns pontos de sua obra, que é o colono que cria o colonizado ou o racista é que cria o inferiorizado. Quanto mais essas representações forem vistas como naturais e universais, mais eficientes elas se tornam e acabam interiorizadas pela minoria em questão – inclusive pelo negro, que, por isso, deseja imitar o "senhor" por meio do uso de máscaras brancas (Costa, 2016). Cito o negro aqui, mas nós sabemos que isso se estende a todos os grupos minorizados, todos estereotipados e às margens da sociedade.

- Grupos minorizados: aqui, são apontados alguns grupos a que se destinam as políticas de diversidade, equidade e inclusão (vale ressaltar que, de acordo com a regionalidade ou mesmo nacionalidade, esses grupos podem variar). São eles: pessoas negras, pessoas indígenas, pessoas com deficiência, pessoas LGBTQIAPN+, mulheres, idosos, pessoas de baixa renda, pessoas em situação de migração forçada, pessoas ciganas, etc.
- Privilégios: vamos tratar deste tópico a partir do conceito absoluto do termo, que significa direito, vantagem, prerrogativa, válido apenas para um indivíduo ou um grupo, em detrimento da maioria; apanágio, regalia. No sentido trazido para este livro, pensamos o privilégio sob o olhar dos grupos minorizados, envoltos forçadamente por uma estrutura que privilegia alguns e mantém muitos outros de fora.
- Interseccionalidade: esse conceito está relacionado com as questões de gênero, raça e classe, mas também com outros eixos da opressão (etnia, nacionalidade, religião, sexualidade, geração, habilidades/deficiência); trata de sistemas de subordinação/discriminação que não são mutuamente distintos ou excludentes. "[...] uma pessoa interseccional, ou seja, com uma ou mais identidade social" (Almeida; *In*: Amato, 2023). A interseccionalidade é pautada na forma como os marcadores sociais reverberam na sociedade, apontando posição, oportunidades e possibilidades aos indivíduos.
- Lugar de fala: ao reivindicar os diferentes pontos de análises e a afirmação de que um dos objetivos do feminismo negro é marcar o lugar de fala de quem os propõe, percebemos que essa marcação se torna necessária para entendermos realidades que foram consideradas implícitas dentro da normatização hegemônica. "O falar não se restringe ao ato de emitir palavras, mas de poder existir. Pensamos lugar de fala como refutar a historiografia tradicional e a hierarquização de saberes consequente da hierarquia social" (Ribeiro, 2017, p. 34).
- Vieses inconscientes: são tendências ou distorções que ocorrem em nosso pensamento e comportamento, muitas vezes de forma automática, sem nossa consciência. São influenciados por fatores

culturais, sociais e pessoais, e podem levar a julgamentos distorcidos, reforço de estereótipos e discriminação (Talbot, 2023, p. 135).

Essa lista poderia seguir com outros diversos conceitos que hoje configuram e permeiam o processo de letramento. É preciso estudar e compreender, de maneira empírica, os processos necessários para inclusão e promoção da diversidade, seja por meio de DE&I ou do modelo gestão comunitária; o importante é entender como tudo se estenderá nas estratégias gerenciais.

Nas seções seguintes, serão apresentados os desafios para a gestão responsável, como as dinâmicas de discriminação transcorrem, quais as conquistas e avanços dos sistemas da diversidade, equidade e inclusão e como eles abarcaram a hospitalidade. As práticas de inclusão da diversidade são transversais e não estáticas; necessitam de adaptação e inovação; e devem permear todos os setores/cargos do sistema de administração.

De acordo com Zukunelli, Mozzato e Padilha (2024):

> *Para avançar na gestão da diversidade e inclusão no setor de turismo, é relevante estabelecer uma agenda futura que englobe estratégias sustentáveis e de longo prazo. Esta agenda deve ser orientada tanto pela necessidade de atender às demandas emergentes quanto pelo compromisso com a justiça social e para com o desenvolvimento econômico inclusivo (Zukunelli; Mozzato; Padilha, 2024).*

A seguir, propomos uma reflexão a partir da figura 2.1, que sintetiza, de maneira excepcional, como as relações ligadas à diversidade e à inclusão se dão na prática. Neste momento, é importante focar o olhar na inter-relação entre os elementos de maneira holística e transmutável.

Figura 2.1 – Diversidade, inclusão e turismo

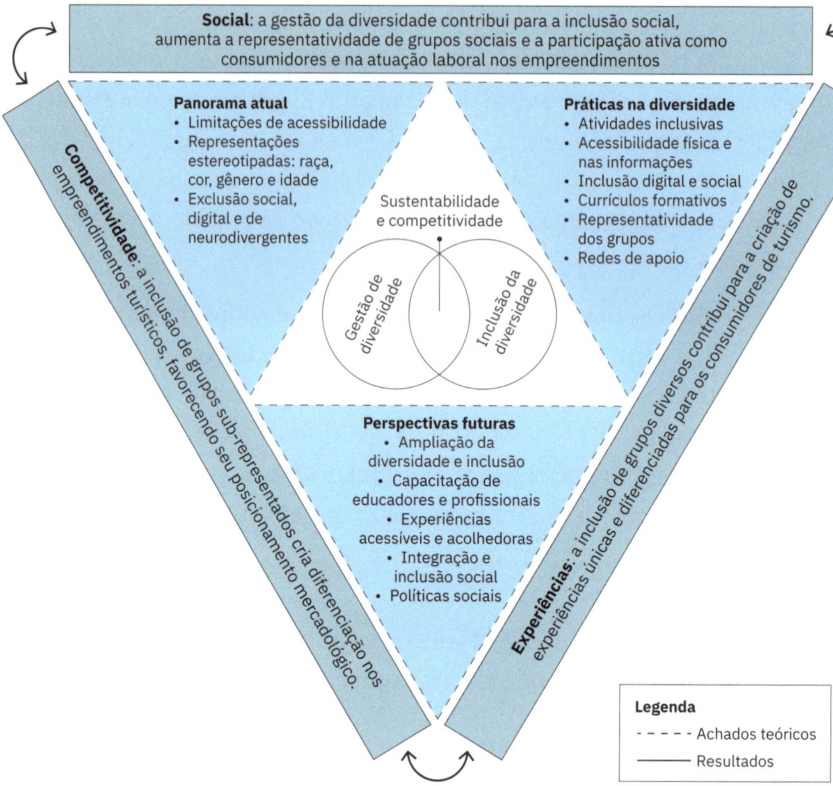

Fonte: adaptada de Zukunelli, Mozzato e Padilha (2024).

Compreendendo os fatores apontados na figura, é possível apurar e correlacionar o panorama atual, entender como se dão e se darão as práticas de gerenciamento e descobrir quais são as perspectivas futuras para o desenvolvimento de um projeto aplicado à diversidade e à inclusão. Devemos pensar em como a gestão aplicada à diversidade e inclusão fomenta e envolve o social, promovendo experiências que incrementam a competitividade a partir de práticas estratégicas que caminham para equidade, justiça social e sustentabilidade. Os autores complementam:

> *A integração desses elementos na estratégia de gestão em um empreendimento turístico poderá melhorar seu desempenho econômico ao incluir em seus atrativos*

uma preocupação com a inclusão e diversidade de pessoas, além de internalização em sua cultura organizacional da preocupação com valores que, em outras realidades do turismo, podem ser negligenciadas ou excluídas (Zukunelli; Mozzato; Padilha, 2024, p. 16).

Vale reconhecer, diante das dinâmicas impostas para a gestão responsável da diversidade, que é essencial estabelecer e considerar premissas que nortearam a aplicabilidade e o monitoramento do projeto. No que se refere ao estímulo às políticas de diversidade e inclusão na qualificação da hospitalidade e dos segmentos ligados à sua cadeia produtiva, é importante envolver os grupos minorizados com as comunidades étnicas, de orientação sexual, etárias e de gênero. O reconhecimento e a valorização das diferenças; a igualdade de oportunidades; a participação e representatividade; o respeito e a empatia; a educação e a sensibilização; e a ação e compromisso são premissas fundamentais para uma gestão adequada e esperada.

O desafio para os três setores da economia compreende criar programas e políticas que fomentem e implementem ações que reverberem nas atitudes e valores descritos. Com certeza, uma sociedade que reconhece e inclui as diferenças caminha de maneira democrática para a equidade e a justiça social.

Encerro esta seção deixando algumas perguntas para reflexão.

✱ PARA PENSAR

Você observa, no seu ambiente de trabalho, a diversidade de maneira orgânica? Quais os desafios que você vê acerca da diversidade e inclusão no segmento da hospitalidade em que você atua? Quais ações você observa, no seu ambiente de trabalho e de sociabilidade, relacionadas à inclusão da diversidade?

O gerenciamento da inclusão e da diversidade é essencial e, quando aplicado, promove lugares seguros e inclusivos, que podem não só atender às expectativas de uma clientela cada vez mais diversificada, mas também demonstrar um compromisso genuíno com a equidade e a valorização das diferenças.

Em resumo, a gestão da diversidade e inclusão se mostra fundamental não só para impulsionar a competitividade e a sustentabilidade, mas também para promover uma sociedade mais justa. Ao integrar esses pontos nas estratégias de negócios, especialmente na grande área da hospitalidade, conseguimos aprimorar o desempenho econômico e fortalecer valores frequentemente negligenciados. Para uma gestão responsável, é importante reconhecer e valorizar as diferenças individuais, garantir a igualdade de oportunidades e fomentar a representatividade e a empatia em todos os níveis.

Estudo de caso 1: DE&I – inclusão e sustentabilidade em rede hoteleira[2]

Uma rede hoteleira implementou uma política inclusiva com foco na diversidade em todas as suas unidades. A empresa criou programas de capacitação específicos para mulheres negras, refugiados e pessoas LGBTQIAPN+, oferecendo suporte educacional e oportunidades de ascensão dentro da organização. Paralelamente, a rede adaptou seus serviços para atender a uma clientela diversa, promovendo campanhas de marketing inclusivas e trabalhando com fornecedores locais que valorizam práticas sustentáveis. Como resultado, a rede observou um aumento significativo na satisfação dos clientes e melhora na retenção de talentos, consolidando-se como um exemplo de como a inclusão pode ser estratégica e transformadora.

Esse estudo de caso demonstra que a inclusão de diversidade não só responde às demandas sociais por justiça e equidade, mas também agrega valor econômico e cultural, tornando-se um diferencial competitivo para os negócios. Pensando nisso, responda: que reflexões essa abordagem desperta sobre o seu próprio ambiente de trabalho?

2 Relato baseado em vivências profissionais da autora.

Acreditamos que a inclusão é fundamental para transformar a experiência do cliente e reforçar o compromisso da organização com a justiça social.

Preconceitos em cena: dinâmicas de discriminação nos serviços de hospitalidade

Pensar os serviços e equipamentos que enxergam a hospitalidade como premissa de excelência é imaginar uma cadeia produtiva ininterrupta, vasta, que atende aos anseios sociais, culturais e éticos em constante transformação.

A hospitalidade é uma ação que envolve relações implícitas (por exemplo, um anfitrião que prepara sua casa para receber um convidado ou hóspede) ou explícitas (como recepções em aeroportos com grupos de cultura local, flores e chocolate para o hóspede em um quarto de hotel, etc.). Por isso, um bom atendimento e práticas que levam em conta a diversidade e a inclusão nas estruturas organizacionais dos equipamentos e serviços de hospitalidade são diferenciais importantes.

De acordo com Gimenes-Minasse e Lopes (2024), a hospitalidade implica a construção de um cenário em que o hóspede não seja tratado com hostilidade no universo alheio. Essa frase desperta vários gatilhos em mim – como já disse, sou uma mulher negra que nasceu e cresceu na periferia, muito curiosa no que se refere às relações universais, e atuo profissionalmente na área da hospitalidade há mais de 20 anos vivenciando na prática essas questões. Se o antônimo de hospitaleiro é inospitaleiro, ou inóspito, as relações e as trocas entre pares margeiam uma linha tênue, que oscila constantemente à medida que relações vivenciadas e experimentadas acontecem durante a prestação de serviço. Diante disso, é interessante pensar que os projetos estratégicos devem ser planejados e geridos de maneira frequente e no longo prazo.

Vamos ver algumas experiências a seguir, mas, neste momento, é importante evidenciar que, além de abordar as questões de preconceitos e discriminação que se desdobram nas relações interpessoais, queremos provocar aqui a reflexão sobre as estruturas organizacionais, a formação do grupo de trabalho, os cargos ocupados, as políticas afirmativas e como a diversidade é apresentada nesse setor. O blog Silbeck, no artigo "A importância da diversidade e inclusão para o sucesso na hotelaria" apresenta o apontamento do relatório "Diversity in hospitality: a journey to inclusion", em que apenas 17% dos cargos de liderança em hotéis são ocupados por mulheres e somente 8% por minorias étnicas.

Antes de tratar das estatísticas, vamos detalhar a que se referem as dinâmicas de preconceito associadas geralmente à discriminação e à intolerância. Quais são as formas de preconceitos? O que significam essas nomenclaturas?

Sabemos que, infelizmente, existem diversas formas de preconceitos. O quadro 2.2 busca ressaltar, de maneira sucinta e sem aprofundamentos históricos e conceituais, as discriminações de viés social:

Quadro 2.2 – Formas de preconceitos sociais

Racismo: preconceito associado a diversidades étnicas.

Sexismo, machismo ou misoginia: fatores que desqualificam e motivam preconceito contra mulheres.

Xenofobia: preconceito que atinge estrangeiros.

Capacitismo: preconceito contra pessoas com deficiência física.

Homofobia: preconceito voltado a homossexuais.

Transfobia: preconceito contra pessoas trans.

Gordofobia: preconceito que atinge pessoas gordas.

Outras formas de preconceitos se desdobram a partir da ótica social, como a intolerância religiosa, preconceitos culturais, entre outros. Refletindo acerca do que foi apresentado no quadro, responda:

- Quantas pessoas dessas comunidades estão presentes no seu grupo de trabalho? Caso sua resposta seja positiva, você identificou negros, negras, trans, idosos, idosas e obesos ocupando cargos de coordenação, gerência e direção?

- Você acredita que essas comunidades estão representadas de forma igualitária e justa em suas práticas sociais e profissionais?
- Em seu momento de lazer e recreação, as pessoas dessas comunidades estão também descansando/se divertindo ou estão servindo?

Vou usar um exemplo pessoal para endossar e contextualizar essa reflexão: em todo o período em que cursei o ensino superior, do bacharelado nos anos 2000 ao doutoramento na atualidade (2025), nunca tive um professor ou professora negra, tampouco coordenadores, vice-reitores e reitores.

O último censo realizado pelo Instituto Brasileiro de Geografia e Estatística (IBGE) (Censo, 2022) mostra que a população brasileira é composta por: 45,3% de pessoas pardas, 43,5% de pessoas brancas, 10,2% de pessoas pretas, 0,8% de pessoas indígenas, 0,4% de pessoas amarelas. A partir desses dados, podemos chegar à conclusão de que a equidade racial deveria apontar outros números em relação ao mercado de trabalho e às posições de liderança – inclusive no setor que agrega a grande área da hospitalidade.

Ainda de acordo com o censo de 2022, complementado pela análise do Departamento Intersindical de Estatística e Estudos Socioeconômicos (DIEESE), o mercado de trabalho continua sendo um espaço no qual as desigualdades raciais são reproduzidas de maneira sistemática. Tanto a inserção quanto as oportunidades de ascensão profissional permanecem desiguais para a população preta e parda. Além disso, as mulheres negras enfrentam um acúmulo de desigualdades, não apenas por razões raciais, mas também de gênero. A seguir, veremos alguns pontos de destaque.

Embora representem 56,1% da população em idade de trabalhar, os negros ocupavam apenas 33,7% dos cargos de direção e gerência. Ou seja, um em cada 48 trabalhadores negros ocupa função de gerência, enquanto entre os homens não negros a proporção é de um para 18 trabalhadores.

Quadro 2.3 – Resumo do boletim "As dificuldades da população negra no mercado de trabalho"

Entre os desocupados, 65,1% eram negros. A taxa de desocupação das mulheres negras é de 11,7% – mesmo percentual de um dos piores momentos enfrentados pelas pessoas não negras, no caso, a pandemia. A taxa de desocupação dos não negros estava em 6,3% no 2º trimestre de 2023.

Quase metade (46%) dos negros estava em trabalhos desprotegidos. Entre os não negros, essa proporção era de 34%. Uma em cada seis (16%) mulheres negras ocupadas trabalha como empregada doméstica.

Os negros ganhavam 39,2% a menos do que os não negros, em média. Em todas as posições na ocupação, o rendimento médio dos negros era menor do que a média da população.

Fonte: IBGE (2022). Elaboração: DIEESE (2023).

Apesar da crescente ênfase em ESG, em normas de compliance e em iniciativas de ação afirmativa, o cenário corporativo e o mercado ainda perpetuam atitudes de viés discriminatório. Uma análise mais atenta revela que a população negra, e particularmente as mulheres negras, enfrentam obstáculos significativos para ingressar no mercado de trabalho e ascender profissionalmente. Os trabalhadores negros, de maneira geral, são frequentemente submetidos a salários e condições laborais inferiores, sendo esse quadro ainda mais crítico para as mulheres negras, que lutam para obter empregos justos e equidade social. Tal situação deriva tanto de atos discriminatórios diretos quanto de dinâmicas sociais que impõem limitações ao acesso a determinados cargos e à progressão na carreira, resultando em remunerações e condições menos favoráveis em comparação com seus pares. A segregação racial no ambiente de trabalho traduz-se em uma alocação desproporcional de oportunidades fundamentada na identidade racial dos indivíduos, manifestando-se por meio de preconceitos evidentes e por mecanismos sociais que restringem o acesso a posições e oportunidades específicas.

De acordo com Shum, Gatling e Garlington (2020), a discriminação racial é uma questão persistente na indústria da hospitalidade. Estudos mostram que pessoas negras enfrentam níveis mais altos de discriminação em comparação com pessoas brancas, o que impacta negativamente a satisfação com suas carreiras nessa área. Já os autores Brewster e Wang (2020) fundamentam, no artigo "Explicit expression of anti-Black biases in the full-service restaurant industry: legal responsibilities and risks", sobre raça, hospitalidade e gastronomia, que, além disso, relatos de linguagem racista e tratamento discriminatório contra clientes negros são comuns em restaurantes, destacando a necessidade de ações legais e gerenciais para combater esses preconceitos.

Em outros estudos, funcionários relatam preconceitos e falta de acolhimento dos seus gestores, o que evidentemente é muito sério e criminoso, já que o espaço de trabalho deve ser um ambiente em que as pessoas tenham segurança, acolhimento e respaldo da corporação. Segundo os autores Ineson, Yap e Whiting (2013), a discriminação sexual e o assédio homofóbico são problemas significativos no ambiente de trabalho da hospitalidade. Foram relatados incidentes desse tipo, com as vítimas frequentemente hesitando em denunciar devido a falta de ações apropriadas por parte dos gerentes. Os autores Ro e Olson (2020), em seu artigo "Gay and lesbian customers' perceived discrimination and identity management", apontam algumas estratégias para minimizar os impactos da discriminação. Eles explicam que clientes que se identificam como homossexuais (gays e lésbicas) percebem a discriminação em níveis grupais mais altos do que em níveis pessoais, adotando estratégias de gestão de identidade para lidar com essas situações.

Tendo em vista que o preconceito e a discriminação se manifestam por ações e comportamentos intrínsecos à organização social, às instituições e aos ambientes de trabalho, é importante o reconhecimento do problema. Após essa etapa, é fundamental realizar um estudo aprofundado, desenvolver estratégias e implementar ações educacionais contínuas e específicas que erradiquem todas as formas de preconceito.

Diante das inúmeras facetas do preconceito e da discriminação, a reflexão torna-se imprescindível. Imagine um indivíduo idoso, ou uma pessoa com deficiência, por exemplo, e procure se colocar em seu lugar, ainda que de forma imaginária, levando em consideração o direito fundamental de ir e vir, seja para casa, escola, um serviço de emergência ou em momentos de lazer em praças ou clubes. Quantas dificuldades e obstáculos eles enfrentam? Será que sua cidade, bairro ou rua foram planejados e concebidos para promover o bem-estar e a qualidade de vida desses grupos, eliminando todas as barreiras existentes?

De acordo com Furunes e Mykletun (2007), o etarismo, ou discriminação baseada na idade, também é prevalente no mercado de trabalho da hospitalidade. Os autores apontam, a partir de estudos, que as empresas frequentemente preferem contratar funcionários mais jovens, perpetuando estereótipos negativos sobre trabalhadores mais velhos. Isso se replica em diversas áreas da hospitalidade, seja na hotelaria, gastronomia ou lazer. No sistema de transporte, essa postura é adotada por unanimidade, motivando a discriminação.

Com base nas informações apresentadas até aqui, propomos a realização de um exercício analítico cujo resultado poderá fornecer subsídios valiosos para diversas entidades, como prefeituras, empresas, indústrias e instituições acadêmicas, além de apoiar estudantes em seus estudos e pesquisas. O exercício visa contribuir para o diagnóstico das questões que emergem das dinâmicas discriminatórias presentes no mercado de trabalho em âmbitos estadual e local, oferecendo bases científicas para a formulação de estratégias que promovam equidade e inclusão nos processos laborais.

Exercício: diagnóstico estadual e municipal da população negra no mercado de trabalho, com recorte de gênero

Objetivo:

Este exercício busca promover uma análise crítica e fundamentada sobre as dinâmicas do mercado de trabalho, considerando os marcadores sociais de raça e gênero, com base em dados locais, regionais e nacionais. O resultado será a elaboração de um boletim contendo diagnósticos comparativos e proposições de políticas públicas que promovam equidade e justiça social.

Para realização do exercício, considere as etapas apresentadas no quadro 2.4, complementadas pela problematização e análise de dados apontados na sequência.

Quadro 2.4 – Diagnóstico do mercado de trabalho com recorte racial e de gênero

Etapas do exercício:

Passo 1: faça uma pesquisa sobre os dados estatísticos do mercado de trabalho no seu estado e município, com recortes de raça/cor e gênero.

Passo 2: caso os dados municipais não estejam disponíveis, amplie a análise para os dados da região metropolitana da sua cidade.

Passo 3: considere, adicionalmente, outros marcadores sociais, como idade, escolaridade e região de moradia, caso seja pertinente.

2. Análise dos gráficos e tabelas fornecidos

Compare os seguintes elementos com os dados coletados:

- Gráfico 1: taxa de desocupação por raça/cor e sexo.
- Gráfico 2: taxa composta da subutilização da força de trabalho por raça/cor e sexo.
- Gráfico 3: proporção de ocupados no grupamento ocupacional de direção e gerência segundo raça/cor e sexo.
- Tabela 1: distribuição dos ocupados por posição na ocupação, segundo cor/raça e sexo.
- Tabela 2: rendimento mensal do trabalho principal, segundo raça/cor e sexo.

3. Elaboração do boletim estadual e municipal

Estruture o boletim em três partes principais:

1. Diagnóstico local e regional: exposição dos dados coletados e análise comparativa com os gráficos e tabelas fornecidos. Inclua interpretações das disparidades e padrões evidenciados.
2. Análise crítica: reflexão sobre as desigualdades identificadas, considerando os impactos interseccionais de raça e gênero, bem como outros marcadores sociais adicionais.
3. Propostas de políticas públicas: com base na análise, desenvolva um conjunto de ações norteadoras para a construção de políticas afirmativas e efetivas, com foco na promoção da equidade e justiça social.

4. Relatório final

- Utilize linguagem técnica e fundamentada para redigir o relatório.
- Inclua gráficos comparativos, tabelas e análises quantitativas e qualitativas.
- Destaque o alinhamento das proposições de políticas públicas com os Objetivos de Desenvolvimento Sustentável (ODS) das Nações Unidas, especialmente os relacionados à redução das desigualdades (ODS 10) e ao trabalho decente (ODS 8).

Exercício elaborado pela autora com base em dados do IBGE e DIEESE.

Problematização e estudo de dados:

Vamos aprofundar as dinâmicas que constituem o preconceito no mercado de trabalho. Para isso, podemos utilizar o conjunto de dados apontados pelo DIEESE, que revelam a dificuldade da população negra no mercado de trabalho. Nesse estudo, é possível compreender as questões de raça e gênero no âmbito profissional, já que as mulheres negras acumulam ambas as desigualdades. O estudo não trata especificamente das questões acerca da hospitalidade, mas traz uma análise do cenário nacional, constatando como o mercado ainda é lugar de reprodução da desigualdade de raça e gênero.[3]

A discriminação racial no mercado de trabalho manifesta-se, inicialmente, nas barreiras para a inserção da população negra e outros grupos que compõem os marcadores sociais. A partir dos gráficos e tabelas apresentados a seguir, convidamos você a analisar dados que apontam para uma série de constatações – por exemplo, como a taxa de desocupação entre negros permanece sistematicamente mais elevada em comparação com os demais grupos de trabalhadores. Embora representem 56,1% da população em idade ativa para o trabalho, os negros (pretos e pardos) constituem mais da metade dos indivíduos desocupados, correspondendo a 65,1%. Essas informações evidenciam uma perpetuação estrutural das desigualdades raciais no acesso e permanência no mercado de trabalho.

Mesmo que a sequencialidade analítica exponha resultados que traduzem o contexto nacional, especificamente a partir do recorte racial e de gênero, é possível usá-la como ponto de partida para criar comparações, mesmo que hipotéticas, com os outros marcadores sociais. Na grande área da hospitalidade, existem lacunas imensas de dados que tratam a dinâmica da discriminação no mercado de trabalho. Portanto, propomos a reflexão global e, na próxima seção, nos debruçaremos em experiências locais. O gráfico 2.1 aponta a taxa de desocupação no mercado de trabalho com recorte racial e de gênero.

3 Este boletim examina a inserção da população negra no mercado de trabalho brasileiro e algumas facetas da discriminação racial. Os dados analisados são da Pesquisa Nacional por Amostra de Domicílios Contínua, realizada pelo Instituto Brasileiro de Geografia e Estatística (PnadC-IBGE) e referem-se ao 2º trimestre de 2023.

Gráfico 2.1 – Taxa de desocupação por raça/cor e sexo (Brasil: 2º trimestre de 2023)

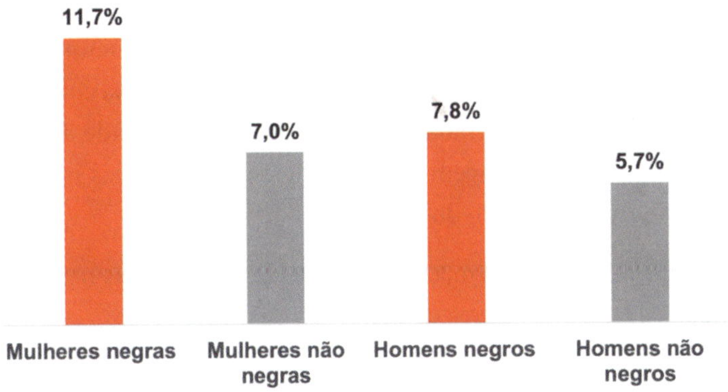

Fonte: IBGE (2022). Elaboração: DIEESE (2023).

O gráfico demonstra que, entre as mulheres negras, o índice de desemprego chegou a 11,7%, patamar semelhante ao verificado entre os não negros no segundo trimestre de 2021, fase considerada um dos pontos mais desafiadores da crise causada pela pandemia de covid-19. No gráfico 2.2, analisaremos a taxa composta da subutilização da força de trabalho, detalhada por raça/cor e sexo e referente ao 2º trimestre de 2023.

Gráfico 2.2 – Taxa composta da subutilização da força de trabalho, por raça/cor e sexo (Brasil: 2º trimestre de 2023)

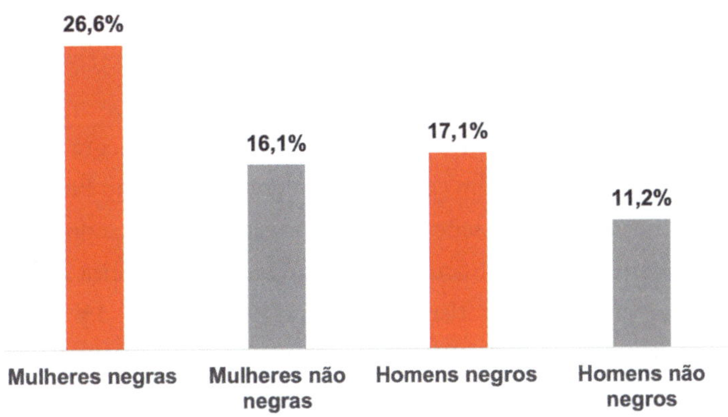

Fonte: IBGE (2022). Elaboração: DIESE (2023).

Segundo os dados apurados, mais de um quarto (26,6%) das mulheres negras em idade para trabalhar informaram enfrentar uma das seguintes situações: (1) estavam desempregadas; (2) desistiram de procurar emprego por falta de oportunidades; ou (3) trabalhavam, mas com uma jornada menor do que gostariam. Esses números se refletem na taxa composta de subutilização da força de trabalho, revelando a continuidade de obstáculos estruturais que restringem a inclusão plena e o uso das habilidades dessas mulheres no mundo do trabalho.

O gráfico 2.3 traz informações que revelam as barreiras na ocupação de cargos relacionados à área de gestão e comando.

Gráfico 2.3 – Proporção de ocupados no grupamento ocupacional de direção e gerência, segundo raça/cor e sexo – Brasil: 2º trimestre de 2023

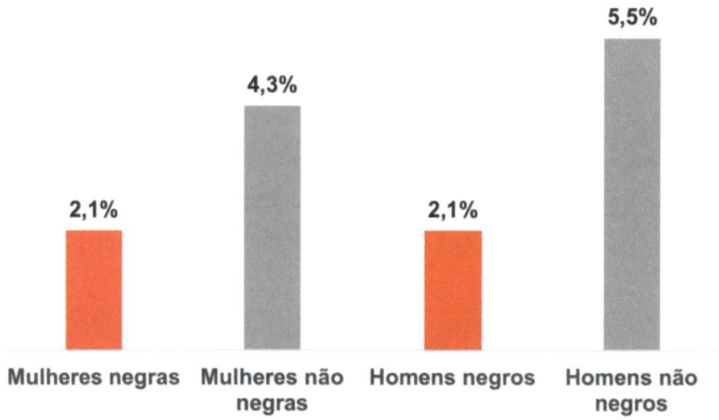

Fonte: IBGE (2022). Elaboração: DIESE (2023).

Ao ingressar no ambiente profissional, a população negra se depara com um cenário de trabalho consideravelmente segregador. Empregados, em sua maioria, em ocupações com menos estabilidade, os profissionais negros encontram mais dificuldades em avançar na carreira e chegar a posições de chefia. As estatísticas mostram que apenas 2,1% dos trabalhadores negros (sem distinção de sexo) ocupam funções de direção ou gerência, enquanto entre os homens não negros esse percentual era de 5,5%. Esses valores revelam uma diferença notável: em média, apenas um em cada 48 trabalhadores negros atinge cargos gerenciais, enquanto, entre homens não negros, essa relação é de 1 para cada 18 trabalhadores. Os dados ilustram as desigualdades intrínsecas que restringem o acesso igualitário a posições de maior relevância e importância no mercado de trabalho.

Continuamos nosso exercício agregando ao relatório proposto informações de duas tabelas complementares, que serão apresentadas seguir. A tabela 2.1 fala da distribuição dos ocupados por posição na ocupação, segundo cor/raça e sexo, e a tabela 2.2 trata do rendimento mensal do trabalho principal, também segundo raça/cor e sexo, ambas com base em dados do segundo semestre de 2023.

Tabela 2.1 – Distribuição dos ocupados por posição na ocupação, segundo cor/raça e sexo – Brasil: 2º trimestre de 2023

Posição na ocupação	Mulheres negras	Mulheres não negras	Homens negros	Homens não negros
Empregado no setor privado com carteira de trabalho assinada	32,8%	37,2%	38,2%	39,8%
Empregado no setor privado sem carteira de trabalho assinada	11,1%	9,7%	17,8%	12,4%
Trabalhador doméstico com carteira de trabalho assinada	3,8%	2,3%	0,4%	0,2%
Trabalhador doméstico sem carteira de trabalho assinada	12,0%	6,6%	0,7%	0,5%
Empregado no setor público com carteira de trabalho assinada	1,6%	2,3%	0,9%	1,2%
Empregado no setor público sem carteira de trabalho assinada	5,3%	3,9%	2,5%	1,6%
Militar e servidor estatutário	8,9%	11,1%	5,7%	6,7%
Empregador	1,8%	4,3%	3,6%	7,1%
Por conta própria	20,1%	20,7%	29,2%	29,7%
Trabalhador familiar auxiliar	2,6%	2,1%	1,1%	0,8%
Total	**100,0%**	**100,0%**	**100,0%**	**100,0%**

Fonte: IBGE (2022). Elaboração: DIESE (2023).

Podemos observar uma representação reduzida de indivíduos negros na posição de empregadores. Apenas 1,8% das mulheres negras possuíam empresas com empregados, contrastando com 4,3% entre as mulheres não negras. No caso dos homens negros, esse índice atingiu 3,6%, enquanto entre os homens não negros a porcentagem foi mais expressiva, alcançando 7%.

A tabela 2.2 aponta o rendimento mensal do trabalho principal, segundo raça/cor e sexo:

Tabela 2.2 – Rendimento mensal do trabalho principal, segundo raça/cor e sexo – Brasil: 2º trimestre de 2023 (em 2023)

Posição na ocupação	Negros	Mulheres negras	Homens negros	Não negros	Mulheres não negras	Homens não negros	Diferença negros/ não negros
Trabalhador doméstico sem carteira de trabalho assinada	921	904	1.136	1.108	1.093	1.286	-16,9%
Empregado no setor privado sem carteira de trabalho assinada	1.490	1.400	1.530	2.690	2.389	2.881	-44,6%
Por conta própria	1.767	1.444	1.924	3.017	2.658	3.220	-41,4%
Trabalhador doméstico com carteira de trabalho assinada	1.562	1.536	1.738	1.681	1.649	(a)	-7,1%
Empregado no setor privado com carteira de trabalho assinada	2.256	2.017	2.402	3.239	2.832	3.547	-30,3%
Empregado no setor público sem carteira de trabalho assinada	2.166	2.038	2.359	2.936	2.704	3.397	-26,2%
Empregado no setor público com carteira de trabalho assinada	3.204	2.591	3.965	4.922	4.188	6.060	-34,9%
Militar e servidor estatutário	4.373	3.882	4.924	6.029	5.056	7.329	-27,5%
Empregador	5.862	4.784	6.259	8.411	7.665	8.773	-30,3%
Total	**2.192**	**1.908**	**2.390**	**3.605**	**3.096**	**4.013**	**-39,2%**

Fonte: IBGE (2022). Elaboração: DIESE (2023).

Durante o segundo trimestre de 2023, observou-se que a população negra obteve, em média, rendimentos 39,2% inferiores aos de indivíduos não negros. Contudo, mesmo ao analisarmos a remuneração média entre negros e não negros ocupando posições laborais equivalentes, a desvantagem para os negros persiste. Em todas as funções analisadas, a média salarial dos negros se mostrou consistentemente menor (tabela 2.2). Tal cenário sugere que, para além das disparidades no acesso a oportunidades, a população negra enfrenta um tratamento diferente no mercado de trabalho.

Em uma sociedade que busca justiça social e desenvolvimento pleno, é importante eliminar as práticas que condenam mais da metade dos brasileiros a empregos precários e salários injustos unicamente por causa de características como cor, raça ou gênero. Superar esse desafio exige a criação de políticas públicas integradas e embasadas em dados concretos, focadas em combater as desigualdades e promover a equidade, principalmente no mercado de trabalho.

A inserção da população negra no mercado de trabalho é severamente prejudicada por obstáculos estruturais, o que não só restringe o acesso a oportunidades, mas também dificulta o avanço profissional e a obtenção de empregos formais com melhores salários. Essa questão é ainda mais crítica para as mulheres negras, que sofrem com sistemas de discriminação múltiplos e interligados, originados tanto pela sua raça quanto pelo seu gênero.

Sabemos que muitos são os avanços, mas, de acordo com os dados apontados, não nos restam dúvidas de que é tardio o planejamento estratégico fincado em políticas afirmativas para transformar as estruturas que perpetuam desigualdades históricas e assegurar a todos o pleno exercício dos direitos de cidadania.

De maneira complementar, após a conclusão do exercício, considere:

- Como as dinâmicas discriminatórias evidenciadas no boletim se relacionam com os desafios históricos do mercado de trabalho?
- Quais estratégias podem ser implementadas para reduzir as desigualdades de forma efetiva e sustentável?
- De que maneira a inclusão de outros marcadores sociais pode enriquecer a análise e aprofundar as ações propostas?

Considerando que as informações mudam a cada instante, sugerimos que você faça uma atualização desse relatório anualmente, para, assim, promover indicadores norteadores atualizados para implantação, monitoramento e avaliação das ações afirmativas.

Ao examinar as múltiplas facetas da desigualdade racial e de gênero no âmbito profissional, podemos notar que esses problemas estão intrinsecamente ligados a alicerces históricos, culturais e econômicos que mantêm condutas discriminatórias. As informações analisadas revelam a insuficiente representação e os obstáculos encontrados por profissionais negros e, como destacamos, sobretudo por mulheres negras. Tais empecilhos não só mostram as disparidades sistêmicas vigentes, mas também realçam a urgente necessidade de medidas práticas e politicamente coordenadas para a erradicação dessas diferenças de oportunidade.

A execução de políticas estatais fundamentadas em avaliações rigorosas e na união de distintos indicadores sociais emerge como um dos principais instrumentos para fomentar a igualdade e a justiça social. Adicionalmente, é importante que o debate acadêmico se intensifique, incorporando não apenas análises descritivas, mas também propostas eficazes que assegurem a inserção e o fortalecimento das populações tradicionalmente marginalizadas.

Contudo, essas iniciativas exigem não apenas a determinação política, mas também o engajamento de vários segmentos da sociedade, incluindo o papel transformador da academia em amparar processos decisórios com informações e análises apuradas. O percurso é, sem dúvida, extenso, porém fundamental para a criação de uma sociedade que prestigie e respeite a diversidade de seus indivíduos.

Mais alguns questionamentos para refletir:

1. Como as políticas governamentais podem ser estruturadas para abordar as intersecções de raça, gênero e outros indicadores sociais, impulsionando uma inclusão mais abrangente e duradoura?
2. De que maneira o meio acadêmico e científico pode colaborar mais efetivamente para o combate às desigualdades estruturais, produzindo impacto nas práticas sociais e econômicas?
3. Quais seriam os maiores desafios para implementar ações afirmativas que não apenas garantam a igualdade, mas também transformem as estruturas que perpetuam as desigualdades?
4. Como as comunidades locais podem ser protagonistas na elaboração de estratégias que fortaleçam sua representatividade e acesso aos direitos sociais e econômicos?
5. É possível relacionar todos esses fatores com a grande área da hospitalidade?

Essas indagações abrem caminho para reflexões aprofundadas e contínuas, essenciais para o avanço em direção a um futuro pautado pela inclusão e equidade.

Legados da diversidade e visões futuras: caminhos para a inclusão e para a justiça social

Vamos analisar, a seguir, experiências que materializam os legados da diversidade e projetam visões para o futuro, delineando trajetórias de inclusão e justiça social no contexto da hospitalidade.

A diversidade, a equidade e a inclusão (DE&I) são aspectos fundamentais na indústria da hospitalidade, influenciando tanto a gestão pública e de recursos humanos quanto a experiência dos clientes e dos turistas. Com isso em mente, vamos entender como as práticas de DE&I estão se incorporando e vêm sendo aplicadas nas ações de fomento à justiça social.

Figura 2.2 – Os caminhos para diversidade, equidade e inclusão são variados e devem fazer parte do cotidiano de todos nós.

Em sentido horário: 1. Parada LGBTQIA+ na av. Paulista, em São Paulo (SP); 2. Comunidade Jongo Dito Ribeiro, em Campinas (SP) (fonte: acervo pessoal); 3. Equipe corporativa; 4. Festa de Iemanjá em Salvador (fonte: acervo pessoal).

De acordo com levantamento realizado em 2024 pelo Observatório de turismo e eventos da cidade de São Paulo, entidade vinculada à São Paulo

Turismo (SPTuris), no último ano, o gasto médio por participante durante sua permanência na cidade para a Parada LGBTQIAPN+ no município atingiu o montante de R$ 1,1 mil (mil e cem reais). Esse valor corresponde a uma estadia média de três pernoites e reflete também o impacto econômico gerado pelo turismo local, evidenciando padrões de consumo e movimentação financeira no setor. A análise desses dados contribui para a formulação de estratégias voltadas ao fortalecimento da economia turística, bem como para o aprimoramento das políticas públicas que visam fomentar o desenvolvimento sustentável da atividade turística focada na diversidade, equidade e inclusão.

Outra experiência que tem motivado alguns redutos turísticos e vem atraindo investimentos é a da memória afro, do afroturismo. Esse é um movimento plural que está se tornando um importante vetor para o desenvolvimento econômico em nível nacional, especialmente em regiões historicamente marginalizadas, ao viabilizar a geração de emprego e renda para toda a cadeia produtiva do setor turístico. Sua consolidação possibilita a dinamização de segmentos estratégicos, tais como o comércio, a hotelaria, a gastronomia, os eventos e o artesanato, contribuindo diretamente para a valorização da cultura afro-brasileira e para o fortalecimento da economia local.

Em 2023, um levantamento realizado pela Secretaria de Turismo do Rio de Janeiro demonstrou o impacto significativo dos espaços que falam da cultura afro ao apontar que o Circuito de Herança Africana, situado na região da Pequena África, superou o número de visitantes registrados no Cristo Redentor, um dos principais ícones turísticos da cidade. Esse dado reforça a relevância do patrimônio histórico e cultural afrodescendente na configuração das experiências turísticas contemporâneas.

Com uma população composta por aproximadamente 55% de pessoas pretas e pardas, o Rio de Janeiro apresenta um cenário propício para o avanço do afroturismo como mecanismo de desenvolvimento econômico e social da população negra. A cidade, cujas bases culturais estão profundamente enraizadas na afrodiáspora, integra a Rede de Cidades Antirracistas e tem a oportunidade estratégica de potencializar políticas públicas e iniciativas privadas que promovam a equidade racial por meio do turismo, fortalecendo o protagonismo negro na construção de um modelo turístico sustentável e inclusivo. Outro legado que demonstra o caminho da diversidade e ativa o protagonismo comunitário é o turismo de base comunitária: neste sistema, gerenciado pelas comunidades, podemos comprovar o engajamento e a promoção comunitária. Como exemplo, podemos observar o Arraial Afro-Julino da Comunidade Jongo Dito Ribeiro, que configura-se como um dos mais relevantes eventos culturais organizados pela sociedade civil na cidade de Campinas e região. A festividade contempla expressões artísticas tradicionais, como jongo, samba, maracatu e rap, além de integrar elementos da cultura popular por meio da oferta de gastronomia típica junina e artesanato.

Com uma média de público entre 3 e 5 mil participantes, oriundos de diversas localidades do estado de São Paulo, o evento reafirma sua relevância no calendário cultural paulista. Sua estruturação, desde a concepção à execução, é inteiramente protagonizada pela própria Comunidade Jongo Dito Ribeiro, estabelecendo um modelo de organização autônomo e colaborativo que une diferentes gerações, fortalecendo laços comunitários e promovendo a preservação da identidade cultural afro-brasileira. Além do impacto sociocultural, o evento contribui significativamente para o desenvolvimento econômico da região, mobilizando a cadeia produtiva local e incentivando a circulação de bens e serviços relacionados às artes, ao turismo cultural e ao patrimônio imaterial. Assim, o Arraial Afro-Julino transcende sua função festiva, tornando-se um instrumento de resistência, educação e inclusão social, reafirmando o protagonismo da população negra na construção e manutenção de espaços culturais.

Esse tipo de experiência não fica limitada ao lugar em que ela acontece; as ações e posicionamentos reverberam na hotelaria, gastronomia e em toda cadeia produtiva que engaja essa grande área. São diversas as atitudes que promovem a diversidade na área da hospitalidade, e é possível observar avanços expressivos na gestão pública com incremento de ações que valoram e motivam a inclusão e a diversidade, seja a partir do engajamento comunitário ou mesmo no dinamismo do setor de equipamentos e serviços turísticos.

Arrematando as ideias

Mapa mental conceitual da hospitalidade inclusiva

Chegou o momento de consolidarmos e correlacionarmos tudo o que foi falado neste capítulo. Para isso, propomos a criação de um **mapa mental conceitual da hospitalidade inclusiva**. O exercício tem como foco o desenvolvimento de uma síntese visual a respeito dos principais conceitos discutidos: **diversidade**, **inclusão**, **equidade**, **justiça social**, **hospitalidade**, **lugar de fala**, **interseccionalidade** e **estereótipos**.

Ao construir o mapa, espera-se que você estabeleça conexões entre esses termos, evidenciando como eles operam de maneira interdependente no contexto da hospitalidade contemporânea.

A **hospitalidade**, tradicionalmente associada à recepção e ao acolhimento, é aqui reconfigurada como um campo ético-político, que deve reconhecer e valorizar as múltiplas identidades e experiências humanas, confrontando desigualdades históricas e estruturais.

Nesse sentido, o mapa conceitual deve refletir criticamente como os **estereótipos** limitam a convivência e a alteridade; como a **interseccionalidade** revela sobreposições de opressões que impactam a vivência de diferentes grupos sociais; e como o reconhecimento do **lugar de fala** contribui para uma hospitalidade verdadeiramente inclusiva e justa.

A proposta visa, portanto, sintetizar visualmente os fundamentos teóricos da hospitalidade inclusiva, incentivando a construção de uma prática pautada na **equidade** e na **justiça social**. Vamos lá?

Mapa mental conceitual da hospitalidade inclusiva (síntese visual)

Instruções:

- Utilize os conceitos-chave: diversidade, inclusão, equidade, justiça social, lugar de fala, hospitalidade, interseccionalidade, estereótipos, etc.
- Crie um mapa mental conceitual ou infográfico, mostrando como esses termos se relacionam no contexto da hospitalidade.

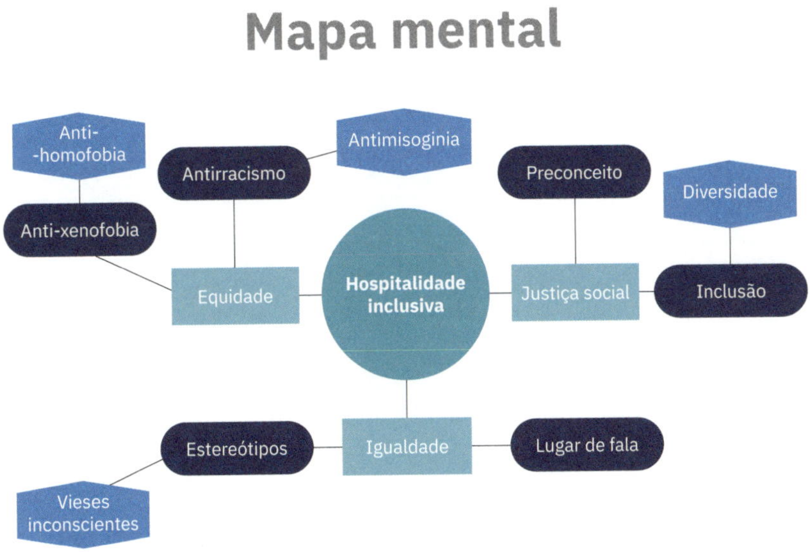

Dica: o mapa pode ser feito manualmente ou com ferramentas como Canva, Miro, PowerPoint, etc.

O estudo sobre diversidade e inclusão no contexto da hospitalidade mostra um cenário multidimensional caracterizado por progresso institucional, resistência histórica e uma variedade de formas de desigualdade estrutural. A hospitalidade, sendo mais do que um conjunto de serviços, materializa-se como uma prática relacional que reflete em sua dinâmica os valores, tensões e contradições da sociedade. No que diz respeito aos marcadores sociais de alteridade, como raça, gênero, orientação sexual, idade, religião e deficiência, é evidente que a exclusão sistemática de certos grupos ainda é realidade nos ambientes profissionais, especialmente naqueles relacionados à hospitalidade. As desigualdades persistentes, como demonstram os números do DIEESE e diversos estudos de caso, levam à necessidade de uma gestão humana que seja inclusiva, proporcione um senso de pertencimento e ofereça um espaço para o reconhecimento das identidades marginalizadas. Por outro lado, experiências como as da rede hoteleira que implementou uma política de inclusão em todas as suas unidades, eventos hiperlocais como a Festa Junina Afro-Brasileira e a valorização do turismo de herança africana são indicadores de estratégias plausíveis e eficazes para a concretização de uma hospitalidade verdadeiramente inclusiva. Essas iniciativas demonstram que a diversidade não apenas amplia o escopo dos serviços, mas também proporciona valor simbólico, econômico e social, redefinindo, assim, a relação entre anfitriões e hóspedes em bases mais justas e solidárias. O estabelecimento de práticas de diversidade, equidade e inclusão (DE&I) envolve mais do que esforços esporádicos; exige um compromisso estratégico, contínuo e abrangente. Isso significa que os profissionais precisam ser educados criticamente, as rotinas de seleção e as políticas institucionais precisam ser revistas e os preconceitos inconscientes e os estereótipos que impulsionam a exclusão devem ser enfrentados. Portanto, a hospitalidade que acolhe, respeita e valoriza a diversidade deixa de ser apenas um serviço e se torna um instrumento de mudança social. Reconhecer o outro integralmente, com suas histórias, memórias e subjetividades, é o primeiro passo para a criação de um modelo de hospitalidade ético, sustentável e verdadeiramente humano.

3

Por que precisamos falar sobre inclusão e acessibilidade

Aos 69 anos, morador de Blumenau realiza o sonho de tomar banho de mar por meio do projeto Praia Acessível

Morador de Blumenau, seu Ademir levou 69 anos para realizar um sonho. Neste início de 2025, ele finalmente pode tomar o seu primeiro banho de mar nas ondas da praia da Conceição, em Bombinhas. O momento foi possível a partir do projeto "Praia Acessível" do Corpo de Bombeiros Militar de Santa Catarina (CBMSC), que disponibiliza cadeiras anfíbias para pessoas com mobilidade reduzida.

Fonte: CBMSC (2025).

A manchete da Agência de Notícias da Secretaria de Comunicação de Santa Catarina trata de um tema que para a maioria das pessoas pode parecer trivial: a possibilidade de poder tomar um banho de mar. O personagem principal da matéria, Ademir, tem mobilidade reduzida desde pequeno. Por meio de iniciativas como esta, pessoas com alguns tipos de deficiência ou mobilidade reduzida conseguem desfrutar de um dia na praia sem barreiras de acesso.

Essa história nos faz pensar a acessibilidade para além das famosas rampas e elevadores, tão presentes no imaginário coletivo quando se trata do assunto.

Pare para refletir um instante em algumas questões. O que vem à sua mente quando o assunto é acessibilidade? Para quais grupos de pessoas esse tema é importante, na sua opinião? Você acha que acessibilidade se refere apenas ao espaço físico, ou outros aspectos entrariam neste conceito?

Ao longo das últimas décadas, os setores de hospitalidade, turismo e lazer têm sido responsáveis por gerar enormes receitas e criar muitas oportunidades de emprego. No entanto, a exclusão de certos segmentos da população, seja por questões socioeconômicas, geográficas, de mobilidade ou de deficiência, tem sido uma realidade nessas áreas.

Este capítulo tem como objetivo trazer à tona questões pertinentes ao universo da inclusão e aos temas comumente ligados a ela.

Incluir significa proporcionar condições para que toda pessoa, independentemente de suas especificidades e marcadores sociais,[1] sinta-se pertencente e tenha equidade de participação em determinados contextos, criando-se assim espaços acolhedores e livres de discriminação e barreiras de acesso.

Isso pressupõe alguns entendimentos fundamentais, como os conceitos de capacitismo, de acessibilidade e de neurodiversidade. É também importante pontuar o que dizem as principais leis e decretos sobre o acesso aos serviços de lazer e hospitalidade. Veremos esses pontos a seguir; mas, antes, gostaria de me apresentar.

Sou uma mulher cis de 42 anos, branca, bissexual, feminista, de estatura e peso medianos, cabelos ondulados castanhos e olhos esverdeados. Sou descendente de espanhóis e italianos, e tenho orgulho de minhas raízes, mas sou muito apaixonada pelo meu país e sua diversidade. Nasci e moro até hoje em São Paulo, sou educadora há vinte anos e há quase dez me encontrei com a área da diversidade, equidade e inclusão (DE&I). No Senac, atuo como docente no Programa Aprendizagem e no Programa Educação para o Trabalho – Trampolim (este último voltado para jovens e adultos com deficiência intelectual). Além do campo profissional, tenho contato pessoal próximo com familiares e amigos neurodivergentes. Acredito ser uma aliada da luta anticapacitista, na medida em que esse é um tema de estudo, de trabalho e que também permeia as minhas relações.

1 Marcador social: termo que se refere a características da identidade, cultura ou da corporeidade de uma pessoa que a conectam com determinados grupos sociais minorizados. Alguns exemplos de marcador social são: etnia, gênero, orientação sexual, classe social, idade, deficiência, entre outros.

Por conta dessa relação mais próxima que tenho com o universo das pessoas com deficiência (PCDs), este capítulo trará de forma marcante a experiência desse público. Mas, como já apontado na abertura, vamos falar aqui da inclusão de maneira abrangente, ou seja, conectada ao conceito de diversidade e aos marcadores sociais que permearam todo o contexto deste livro.

Democratização do acesso ao lazer e aos serviços de hospitalidade

Falar de espaços diversos e inclusivos é falar de todos os tipos de espaços sociais. Será que é possível enxergar a diversidade de corpos e identidades em hotéis, restaurantes, parques temáticos, resorts, cinemas, aeroportos? Provavelmente a resposta será não, justamente por essa concepção ainda arraigada em nossa cultura de que lazer, prazer e diversão não são aspectos fundamentais – ao contrário, muitas vezes são encarados como necessidades supérfluas, que podem ficar em segundo plano.

A Constituição Brasileira de 1988, nossa Carta Magna, estabelece os direitos fundamentais de todo cidadão. Ao fazermos um exercício para lembrar desses direitos, prontamente pensamos em moradia, saúde e educação, sem dúvida direitos imprescindíveis para uma vida digna para qualquer pessoa. No entanto, o artigo 6º da Constituição versa que também são "direitos sociais" a alimentação, o trabalho, o transporte, o lazer, a segurança, entre outros. Dessa maneira, o lazer pode ser entendido como pilar essencial de direito de todo indivíduo brasileiro, independentemente de sua condição social, sua etnia, deficiência, orientação sexual, idade, etc.

Igualmente, a Declaração Universal dos Direitos Humanos, de 1948, em seu artigo 24º, preconiza que todos os seres humanos têm direito ao repouso e lazer. Estamos falando então de um direito universal, que se aplica a qualquer ser humano em qualquer lugar do mundo, e isso qualifica o lazer como alicerce fundamental para dignidade humana e qualidade de vida.

Além de serem referenciados como direitos fundamentais, sabemos que momentos de lazer e descanso estão intimamente ligados à manutenção da nossa saúde física e mental. Mesmo assim, o acesso a esses espaços é normalmente dificultado por atitudes pouco inclusivas e barreiras de toda ordem, desfavorecendo as condições para que esse direito seja exercido plenamente e de maneira igualitária.

Evidentemente, essa realidade é bastante excludente quando pensamos no sentido da condição econômica. Pessoas em situação de vulnerabilidade social possuem mais dificuldade de acesso a esses serviços por não conseguir pagar os valores propostos. São insuficientes as políticas públicas e as atividades gratuitas oferecidas, principalmente quando pensamos em cidades com menor infraestrutura.

E não são só os marcadores de classe social que interferem nessa equação injusta. O preconceito e a discriminação, em suas variadas formas, inviabilizam a democratização de acesso a pessoas que contrariam o sentido de "normalidade". Pessoas LGBTQIAPN+, pessoas negras, de religiões de matriz africana, imigrantes, refugiados, pessoas gordas, idosos, pessoas com deficiência, neurodivergentes, entre outras, ainda precisam vivenciar situações que vão de encontro à ideia da inclusão plena.

A Lei Geral do Turismo (11.771/2008), que dispõe sobre a Política Nacional do Turismo, em seus arts. 5º e 6º, trata da democratização do acesso ao turismo e da participação de pessoas com deficiência em sua elaboração. A lei também estabelece que o Plano Nacional de Turismo, criado pelo Ministério do Turismo, deverá incorporar: "segmentos especiais de demanda nacional e internacional, notadamente os de pessoas idosas, de jovens e de pessoas com deficiência ou mobilidade reduzida, por meio de iniciativas destinadas ao incremento e à diversificação da demanda turística".

No contexto das legislações relacionadas especificamente às pessoas com deficiência, podemos citar o Programa de Ação Mundial para Pessoas com Deficiência, criado pela Organização das Nações Unidas (ONU), em 1982. O documento traz a necessidade do compromisso dos países membros em garantir:

> *[...] que as* ***pessoas com deficiência tenham as mesmas oportunidades de atividades recreativas que os outros cidadãos****. Isso envolve a possibilidade de usar restaurantes, cinemas, teatros, bibliotecas, etc., bem como resorts de férias, arenas esportivas, hotéis, praias e outros lugares para recreação. Os Estados-Membros devem tomar medidas para remover todos os obstáculos a esse efeito (Programa de Ação Mundial para Pessoas com Deficiência, 1982, grifo nosso).*

O texto ainda reforça que:

> ***Autoridades de turismo, agências de viagens, hotéis, organizações voluntárias e outros envolvidos na organização de atividades recreativas ou oportunidades de viagem devem oferecer seus serviços a todos e não discriminar pessoas com deficiência****. Isso envolve, por exemplo, incorporar informações sobre acessibilidade em suas informações regulares ao público (Programa de Ação Mundial para Pessoas com Deficiência, 1982, grifo nosso).*

Também criada pela ONU, a Convenção sobre o Direito das Pessoas com Deficiência (2007) é um tratado que assegura e protege, em seu artigo 30°, o acesso das pessoas com deficiência à "vida cultural e em recreação, lazer e esporte". Para que isso se efetive, os estados-membros devem reconhecer o direito desse público à participação "em igualdade de oportunidades com as demais pessoas" e devem tomar as medidas apropriadas para que o acesso a bens culturais, cinema, teatro, museus, biblioteca e serviços turísticos, entre outras atividades, seja efetivo.

O Brasil ratificou a Convenção em 2008, por meio de uma série de decretos. Essa ratificação tem uma forte implicação na legislação brasileira, pois o documento passou a ser considerado parte da Constituição, garantindo a implementação de seus princípios no país.

Por fim, temos a Lei Brasileira de Inclusão (LBI), de 2015, também conhecida como Estatuto da Pessoa com Deficiência, um marco na nossa legislação. Trata-se de um conjunto de normas voltado a promover e garantir, em condições de igualdade, o pleno exercício dos direitos e liberdades fundamentais das pessoas com deficiência, com o objetivo de assegurar sua inclusão social e cidadania. O capítulo IX da LBI, intitulado "Do direito à cultura, ao esporte, ao turismo e ao lazer", traz quatro artigos que tratam da temática, entre eles o artigo 45º, que dispõe sobre a acessibilidade em hotéis:

> *Art. 45. Os hotéis, pousadas e similares **devem ser construídos observando-se os princípios do desenho universal, além de adotar todos os meios de acessibilidade**, conforme legislação em vigor. § 1º Os estabelecimentos já existentes deverão disponibilizar, pelo menos, 10% (dez por cento) de seus dormitórios acessíveis, garantida, no mínimo, 1 (uma) unidade acessível. § 2º Os dormitórios mencionados no § 1º deste artigo deverão ser localizados em rotas acessíveis (Lei nº 13.146/2015, grifo nosso).*

A legislação brasileira referente às pessoas com deficiência é fruto de muita luta e engajamento político, inclusive das próprias pessoas pertencentes a esse grupo. As leis também refletem um paradigma de pensamento que vem se alterando nas últimas décadas e diz respeito à maneira como as pessoas com deficiência são vistas na sociedade. Aprofundaremos esse tópico mais adiante.

A inclusão de pessoas com deficiência é um direito fundamental e deve ser promovida em todos os setores da sociedade. Nos serviços de hotelaria, lazer e turismo, a acessibilidade não se refere apenas ao ambiente físico, mas também ao atendimento, à comunicação e à oferta de serviços que atendam às necessidades de todos os grupos de pessoas.

Segundo o pesquisador Romeu Sassaki, um dos principais nomes da luta dos direitos das pessoas com deficiência no Brasil, as barreiras que as pessoas com deficiência enfrentam se manifestam na sociedade por meio de: "ambientes restritivos; suas políticas discriminatórias e suas atitudes preconceituosas que rejeitam a minoria e todas as formas de diferenças; seus discutíveis padrões de normalidade" (Sassaki, 2005).

Essa visão dialoga intrinsecamente com a da inclusão, na perspectiva de que são os ambientes que devem se adequar às necessidades das pessoas, não o oposto. Proporcionar uma inclusão efetiva é estar alinhado com essa visão. É promover todos os esforços para tornar esses ambientes mais acolhedores e livres de barreiras de acesso e permanência, a despeito das singularidades, identidades e condição social dos indivíduos.

No campo socioeconômico, a democratização implica pensar políticas públicas e modelos de negócio mais inclusivos. Isso pode envolver desde a oferta de tarifas gratuitas ou a preços populares em equipamentos turísticos até a promoção de iniciativas de turismo comunitário e de base local, que envolvam comunidades em situação de vulnerabilidade como protagonistas do processo. A hospitalidade, nesse sentido, é entendida como direito e não como um "luxo".

Isso significa pensar a hospitalidade como um valor coletivo, que não deve estar condicionado ao poder aquisitivo, à condição física, à orientação sexual, à etnia, à idade ou ao nível de instrução de uma pessoa. Significa reconhecer que o lazer e o turismo são dimensões fundamentais do bem-estar e da cidadania. Essas dimensões possibilitam descanso, entretenimento, aquisição de novas aprendizagens e ampliação de repertório cultural – elementos que enriquecem a vida humana. Negar o acesso a esses espaços é, portanto, reforçar desigualdades e limitar a plena participação social de diversos grupos.

Segundo dados do Sistema de Informações e Indicadores Culturais (SIIC) do IBGE, em 2021, em 14,9% dos municípios do país, os habitantes precisariam se deslocar por pelo menos uma hora para o município mais próximo com museu. Os dados retratam uma desigualdade regional: enquanto no Norte, os moradores de 70% dos municípios teriam que passar pelo menos esse tempo de deslocamento para acessar o equipamento cultural, no Sul, essa proporção era de apenas 1,3%.

Figura 3.1 – Proporção de municípios (por grandes regiões) com tempo de deslocamento superior a 1 hora para acesso aos equipamentos culturais

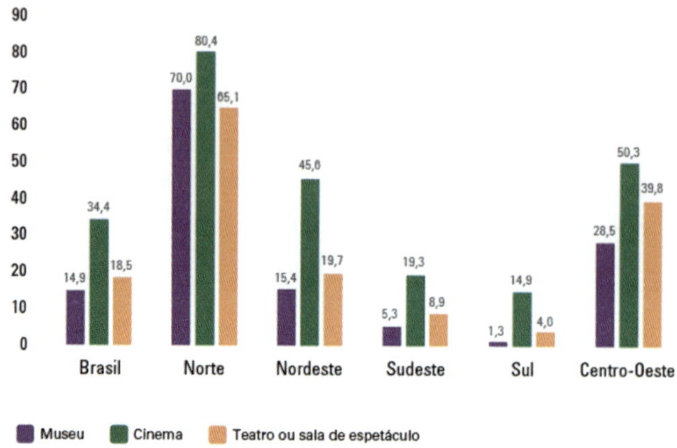

Fonte: Sistema de Informações e Indicadores Culturais – SIIC (2021-2022) (IBGE, 2023).

A inclusão de todos os segmentos sociais nos serviços de turismo e lazer não é apenas uma questão de justiça social, mas uma necessidade econômica e cultural. Ao democratizar o acesso a esses serviços, o setor ganha em termos de aumento de consumo, diversidade e expansão de mercado. Em consequência, podemos observar benefícios que impactam positivamente a sociedade.

Entre alguns desses benefícios, podemos elencar o desenvolvimento econômico, principalmente em relação aos pequenos negócios, como as iniciativas de turismo comunitário, gerando mais empregos e renda para populações marginalizadas e incentivando o desenvolvimento de regiões menos favorecidas.

A pesquisa “Tendências de turismo verão 2025 – comportamento da população brasileira”, realizada em novembro de 2024 pela agência Nexus e pelo Ministério do Turismo, perguntou para 5.542 brasileiros de todas as regiões quais seriam os principais benefícios do turismo para o Brasil. Atração de investimentos aparece em 1º lugar (15%), seguida por geração de empregos locais e desenvolvimento regional (ambos com 13%).

Mais abaixo está o aumento da arrecadação tributária (11%), seguida por crescimento no setor hoteleiro (6%) e novas oportunidades de negócios (5%). A pesquisa ainda divulgou que a grande maioria dos brasileiros (84%) considera o turismo importante para a geração de empregos.

Além do desenvolvimento econômico, tão evidente, podemos falar também no benefício da inclusão social, tendo em vista que ele garante que pessoas de diferentes origens, classes sociais, etnias e identidades tenham acesso aos mesmos serviços de lazer e turismo, promovendo uma inclusão social efetiva.

Ainda é possível citar o fortalecimento da diversidade cultural, justamente porque o turismo acessível e democrático também permite um intercâmbio cultural mais amplo. Pessoas de diferentes origens culturais e sociais têm a oportunidade de interagir, compreender e respeitar as diferenças, o que, por sua vez, enriquece a experiência turística e fortalece o entendimento entre culturas.

Agora que você já tem algumas ferramentas para refletir sobre o tema, que tal fazer um exercício?

Atividade 1 – Estudo de caso

Contexto:

Uma pesquisa recente identificou que, em determinada cidade turística de médio porte, mais de 40% dos moradores da periferia nunca frequentaram equipamentos de lazer da própria cidade, como museus, teatros, parques ou centros culturais.

Atividade:

Você foi convidado(a) a integrar uma equipe multidisciplinar encarregada de analisar esse cenário e propor soluções para tornar os serviços de lazer e hospitalidade da cidade mais acessíveis e inclusivos para a população periférica.

Com base nesses dados, faça o que se pede a seguir.

- Descreva as barreiras que contribuem para essa exclusão.
- Apresente propostas viáveis de curto, médio e longo prazo para promover a inclusão desses grupos.
- Explique como diferentes setores (público, privado e sociedade civil) podem colaborar para implementar as propostas.

Conceitos e ideias fundamentais sobre inclusão

Hoje vivemos um momento em que a pauta da diversidade está ganhando cada vez mais força, trazendo à tona discussões, readequando discursos e propondo novas nomenclaturas para fortalecer essa luta, como o caso da palavra capacitismo. Você sabe o que ela significa?

Capacitismo é um termo utilizado para designar a exclusão, opressão, preconceito e variadas formas de discriminação contra pessoas que possuem algum tipo de deficiência. Ele pode se manifestar de muitas maneiras: por meio da discriminação ou exclusão direta, de comportamentos velados que se revestem de "boas intenções" – mas no fundo inferiorizam ou subestimam a pessoa –, por barreiras de acesso a serviços e postos no mercado de trabalho, em escolas e em faculdades, entre muitos outros exemplos.

Podemos afirmar que o capacitismo tem raízes profundas na história da humanidade, refletindo uma longa trajetória de marginalização e exclusão das pessoas com deficiência. Desde a Antiguidade, e durante muitos séculos, essas pessoas foram vistas como "imperfeitas" ou até "amaldiçoadas" em determinadas sociedades. Seu destino era muitas vezes a eliminação: abandonadas na rua logo após o nascimento.

Segundo Pereira (2018), podemos citar por exemplo as leis de Roma, que não eram nada favoráveis às pessoas que nasciam com deficiência. Era permitido aos pais matar por afogamento ou abandonar em cestos no rio as crianças que nasciam com deformidades físicas. Os que sobreviviam eram fadados a uma vida miserável e sem esperança ou trabalhavam em circos, para entretenimento.

Em relação à Idade Média:

> *A população ignorante encarava o nascimento de pessoas com deficiência como castigo de Deus. Os supersticiosos viam nelas poderes especiais de feiticeiros ou bruxos. As crianças que sobreviviam eram separadas de*

suas famílias e quase sempre ridicularizadas. A literatura da época coloca os anões e os corcundas como focos de diversão dos mais abastados. (PEREIRA, 2018, p. 86)

É possível afirmar que o paradigma que imperou durante todo esse período é o da total exclusão das pessoas com deficiência.

Com o passar do tempo (e o advento do Cristianismo), o olhar para a deficiência começa a inspirar pena e necessidade de cuidados. As pessoas com deficiência começam a ser institucionalizadas e passam a sobreviver à custa da caridade. Os sujeitos não eram mais excluídos, mas sim segregados. Por muitas décadas, esse novo paradigma – da segregação – perdura, isolando as pessoas com deficiência em escolas e instituições especiais para esse público.

A partir do século XX, com as mudanças culturais e o intenso cenário de movimentos político-sociais em prol dos direitos civis, a sociedade começa a entender a necessidade de integrar as pessoas com deficiência nos seus diferentes espaços, em detrimento do isolamento anterior a que estavam submetidas; é o paradigma da integração.

Porém é somente nas últimas décadas, mais especificamente após a Convenção sobre os Direitos das Pessoas com Deficiência, da ONU, em 2007, que as ideias sobre inclusão começam a ser debatidas no sentido da obrigação da sociedade em adequar suas atitudes e estruturas para acolher a diversidade. É nesse momento que o paradigma da integração dá espaço para o paradigma da inclusão.

A essa nova forma de enxergar a inclusão da pessoa com deficiência damos o nome de visão social da deficiência, em detrimento da visão médica, que norteou condutas e comportamentos durante séculos.

O modelo social está ganhando cada vez mais espaço e alterando a maneira como se estruturam as políticas, leis e modos de lidar com a questão, em contraponto ao antigo modelo médico. Vejamos no quadro 3.1 como esses modelos se contrastam.

Quadro 3.1 – Visões da deficiência

Modelo médico da deficiência	Modelo social da deficiência
O "problema" está centrado na pessoa, ou seja, na sua deficiência.	O problema está centrado nas barreiras de acesso da sociedade, que dificultam ou impedem a inclusão.
A deficiência é vista como doença ou lesão que precisa ser corrigida ou curada.	A deficiência é vista como parte da diversidade humana e as diferenças individuais são aceitas.
A pessoa com deficiência deve se adaptar e se adequar aos diversos ambientes.	A sociedade deve excluir as barreiras de acesso para promover a participação das pessoas com deficiência nos diversos ambientes.

O modelo social origina-se de um movimento ocorrido na Inglaterra no fim dos anos 1970, que objetivava fomentar a autonomia e o senso crítico das pessoas com deficiência (França, 2013). Essa visão pode ser percebida sob um viés político, tendo implicação direta na transformação da realidade das pessoas com deficiência.

De acordo com Gesser *et al.* (2012), nesse modelo, a deficiência não é considerada enfermidade, castigo ou uma tragédia pessoal. Não é objeto de caridade, condescendência ou sentimentalismo. Em suma, essa perspectiva propõe o "rompimento de concepções sobre a deficiência que reduzem a compreensão do fenômeno às lesões e aos impedimentos do corpo e objetiva uma virada conceitual ao incorporar questões sociais e políticas em sua análise" (Gesser *et al.*, 2012, p. 560).

O cerne dessa mudança de paradigma consiste em retirar da pessoa com deficiência a responsabilidade em se adequar aos espaços e situações e devolvê-la à sociedade, que deve pensar, planejar e readequar seus comportamentos e espaços para inserir todos os indivíduos.

E é nesse ponto, quando recolocamos na sociedade e nos cidadãos a responsabilidade em incluir e acessibilizar os diversos ambientes para as PCDs, que voltamos ao tópico do capacitismo, ou melhor, do anticapacitismo.

Atualmente, a luta anticapacitista é crucial para alcançarmos equidade de oportunidades, justiça social e para a promoção do respeito, autonomia e dignidade das pessoas com deficiência.

Mas como podemos identificar atitudes capacitistas? Conforme já citado anteriormente, o capacitismo se revela de muitas formas, como por meio de olhares, atitudes e até da nossa comunicação. Expressões capacitistas fazem parte do vocabulário das pessoas e reforçam o estigma contra pessoas com deficiência. Seguem alguns exemplos de frases que não devem ser utilizadas:

- Você parece normal.
- Você fala? Nem parece que é surdo.
- "Finge demência".
- Você é retardado?
- "Dar uma mancada".
- Você está sendo meio autista.
- "Dar uma de João sem braço".
- Estou mais perdido que cego em tiroteio.
- Você está cego/surdo?
- Você não tem cara de autista.
- Você tem deficiência, mas é muito lindo/linda.

Essas são só algumas frases ou expressões que são ainda amplamente utilizadas, mesmo por pessoas que tentam acolher a diversidade e exercitar a empatia, simplesmente porque estão muito arraigadas em nossa cultura, construída sobre as bases do capacitismo. Termos ofensivos, piadas e comentários maldosos relacionados à deficiência devem ser ostensivamente combatidos como uma das práticas da luta anticapacitista.

No contexto das tratativas em relação às pessoas com deficiência, fique atento a mais algumas dicas:

- Não "forçar" ajuda sem que tenha sido solicitada.
- O termo correto a ser usado é pessoa com deficiência (PCD). Evite "deficiente", "portador de deficiência" ou de "necessidades especiais".
- Não trate pessoas com deficiência de forma infantilizada.

- Evite a exaltação exagerada das qualidades ou conquistas da pessoa; muitas vezes, isso pode gerar constrangimento.
- Se a pessoa estiver acompanhada, dirija-se a ela em primeiro lugar, e não ao acompanhante.
- Na dúvida, sempre pergunte se a pessoa precisa de apoio e como você pode ajudar. Cada pessoa é única e pode ter necessidades bastante específicas.

* SUGESTÕES DE LEITURA

No livro *Capacitismo, o mito da capacidade*, o autor Victor di Marco tece reflexões profundas sobre o processo de aceitação da pessoa com deficiência física em relação ao seu próprio corpo e à sua sexualidade. Victor é artista do audiovisual e ativista da causa dos direitos das pessoas com deficiência.

Em *Viés inconsciente*, Cris Kerr defende que nossos preconceitos e ações excludentes contra determinados grupos têm origem em ideias gravadas no nosso inconsciente (que muitas vezes desconhecemos). A autora propõe um exercício interessante de investigação desses vieses, a fim de promover a diversidade e inclusão, especialmente no contexto das organizações. Cris é professora universitária e consultora em diversidade.

Uma ideia que sustenta as práticas capacitistas é que exista uma suposta "normalidade" do corpo e da mente vista como referência universal (Marco, 2020). Corpos e mentes que não se enquadram nesse padrão são estigmatizados e vistos como diferentes ou estranhos.

Nesse ponto, podemos refletir: se existe um padrão que dita o que é ser "normal", como ficariam as pessoas com deficiência ou com outros marcadores da diferença se essa referência fosse drasticamente alterada? Com certeza estaríamos falando de uma real inversão de valores.

Normalizar, portanto, significa eleger um determinado padrão estético ou de comportamento que dite as normas sobre o que é aceito ou não socialmente. É um mecanismo da cultura baseado em muitas variáveis e que muda através do tempo e da geografia. O que é dito como normal em determinado local do mundo pode ser muito diferente em outro local ou tempo histórico.

Aqui entramos com um outro conceito que está sendo amplamente debatido em diversos setores da sociedade: o da neurodiversidade. Segundo Araujo *et al.* (2023), o termo foi cunhado em uma tese de 1998 pela socióloga australiana Judy Singer, diagnosticada com síndrome de Asperger (hoje o termo utilizado é Transtorno do Espectro Autista – TEA), com o objetivo de propor uma perspectiva diferente sobre o autismo, baseada mais nas identidades do que na condição de problema ou deficiência.

O movimento da neurodiversidade surge como "uma contraproposta à ideologia de divisão entre normal e anormal ou patológico, indo na contramão do modelo médico e do discurso de eugenia até então vigente" (Araujo *et al.*, 2023, p. 3). Essa ideia vai ao encontro do que vimos anteriormente sobre a mudança de paradigma da visão médica para a visão social da deficiência.

A neurodiversidade sugere que, assim como as diferenças culturais e dos corpos, as diferenças de funcionamento cerebral são uma variação natural entre os seres humanos. Nesse sentido, o Transtorno do Espectro Autista (TEA), o Transtorno de Déficit de Atenção e Hiperatividade (TDAH), os Transtornos de Aprendizagem (dislexia, disgrafia, discalculia etc.), a Superdotação, as Altas Habilidades, entre outras condições, são parte da diversidade natural da condição humana e não devem ser tratadas como doenças. As pessoas com essas condições neurobiológicas são chamadas de pessoas neurodivergentes ou neuroatípicas.

É de extrema importância explorarmos esse assunto no contexto dos serviços de hospitalidade. Para proporcionarmos um acolhimento efetivo e livre de discriminação, devemos reconhecer que existem muitas maneiras de existir, pensar e de se relacionar. Por isso falamos da importância da comunicação e do oferecimento de suporte quando necessário.

Muitas vezes, a deficiência e algumas condições específicas podem não ser visíveis. É o caso de condições neurodivergentes e algumas outras, chamadas de deficiências ocultas ou não-observáveis. Nesse termo também podem se enquadrar as pessoas com deficiência intelectual, transtornos mentais, deficiência auditiva, surdez ou até mesmo doenças que necessitam de cuidados constantes, como o diabetes, epilepsia, esclerose múltipla, entre outras.

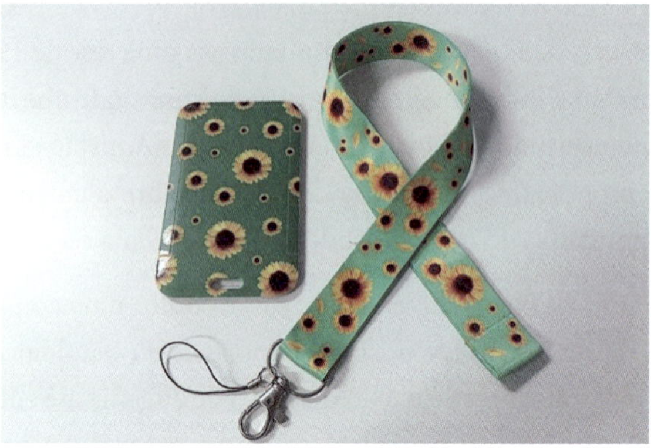

A imagem do girassol sobre fundo verde, presente aqui no suporte para crachá e cordão, indica que a pessoa tem alguma condição que pode indicar necessidade de apoio.

O cordão de girassol é uma ferramenta internacionalmente reconhecida e simboliza que a pessoa que o usa possui alguma deficiência, transtorno ou condição oculta e, portanto, pode necessitar de apoio e acessibilidade em locais públicos. Seu uso é opcional, mas é amparado no Brasil pela Lei nº 14.624, de 2023. Ela institui o cordão de fita com desenhos de girassóis como "símbolo nacional de identificação de pessoas com deficiências ocultas".

A origem do cordão remonta ao início dos anos 2016, em um aeroporto da Inglaterra, por conta da necessidade de criação de um instrumento simples que auxiliasse no reconhecimento das pessoas que necessitam de acessibilidade.

O uso do cordão facilita e humaniza o atendimento às pessoas com alguma doença, deficiência e/ou transtorno oculto. Além disso, garante que a pessoa não precise justificar ou explicar sua condição, evitando possíveis julgamentos e constrangimentos.

Além do cordão de girassol, existem outros tipos, como o do símbolo do infinito (neurodiversidade) e o de quebra-cabeças (Transtorno do Espectro Autista), além de crachás de identificação que podem ou não ser usados junto aos cordões.

É importante salientar que todos esses instrumentos auxiliam no dia a dia da pessoa com deficiência, principalmente no que se refere ao reconhecimento das necessidades de acessibilidade, mas, não sendo seu uso obrigatório, o atendimento preferencial não deve estar condicionado a isso. Pessoas com deficiência têm seus direitos garantidos por lei.

Vamos agora fazer um exercício com base em todos os conceitos vistos nesse tópico do capítulo:

Atividade 2 – Questão reflexiva

Imagine que você trabalha como recepcionista de um restaurante e uma jovem utilizando o cordão de girassol chega com um grupo de amigos. Como você, enquanto profissional do estabelecimento, pode agir de forma acolhedora e respeitosa ao perceber que um cliente está usando o cordão?

Dicas para ajudar na reflexão:

- Quais comportamentos você deve evitar?
- Como oferecer ajuda sem invadir a privacidade da pessoa?
- Por que é importante conhecer o significado do cordão?
- Como pequenas atitudes podem melhorar a experiência do cliente?

Acessibilidade para quem?

Como visto, incluir significa adequar os sistemas sociais às especificidades humanas, eliminando fatores que anteriormente excluíam os sujeitos. A eliminação desses fatores deve ser feita a partir de um processo contínuo empreendido pela sociedade a fim de acolher todas as pessoas, independentemente das suas características individuais e diferenças (Sassaki, 2002).

O art. 3º da LBI dispõe sobre alguns conceitos que devemos compreender, conforme apresentado no quadro 3.2.

Quadro 3.2 – Termos técnicos da área da inclusão

Acessibilidade	Possibilidade e condição de alcance para utilização, com segurança e autonomia, de espaços, mobiliários, equipamentos urbanos, edificações, transportes, informação e comunicação, inclusive seus sistemas e tecnologias, bem como de outros serviços e instalações abertos ao público, de uso público ou privados de uso coletivo, tanto na zona urbana como na rural, por pessoa com deficiência ou com mobilidade reduzida.
Barreiras	Qualquer entrave, obstáculo, atitude ou comportamento que limite ou impeça a participação social da pessoa, bem como o gozo, a fruição e o exercício de seus direitos à acessibilidade, à liberdade de movimento e de expressão, à comunicação, ao acesso à informação, à compreensão, à circulação com segurança, entre outros. As barreiras de acesso que pessoas com singularidades enfrentam no seu dia a dia em diversos contextos podem e devem ser pensadas sob uma ótica minuciosa, que intenciona compreender a origem desses entraves para propor soluções efetivas.
Tecnologia assistiva	Produtos, equipamentos, dispositivos, recursos, metodologias, estratégias, práticas e serviços que objetivem promover a funcionalidade, relacionada à atividade e à participação da pessoa com deficiência ou com mobilidade reduzida, visando à sua autonomia, independência, qualidade de vida e inclusão social.
Desenho universal	Concepção de produtos, ambientes, programas e serviços a serem usados por todas as pessoas, sem necessidade de adaptação ou de projeto específico, incluindo os recursos de tecnologia assistiva.

Fonte: Brasil (2015).

Apesar dos conceitos de acessibilidade e inclusão comumente fazerem referência ao público específico de pessoas com deficiência, é importante ampliar essa perspectiva para todos os outros marcadores da diversidade. Incluir é favorecer a sensação de pertencimento e o acesso à plena participação de todas as pessoas. Se consultarmos a palavra acessibilidade no dicionário, veremos como um dos principais significados: "qualidade do que é acessível, do que tem acesso".

Então, quando falamos de acessibilidade nos espaços físicos, por exemplo, podemos falar de corpos diversos, com ou sem deficiência, corpos gordos, com mobilidade reduzida, nanismo, pessoas muito altas, etc. Quando falamos de acessibilidade na comunicação, podemos trazer questões da neurodiversidade, dificuldades de aprendizagem, pessoas idosas, imigrantes, pessoas autistas, entre muitos outros exemplos.

Podemos pensar a acessibilidade a partir de muitas perspectivas: nos espaços físicos, na comunicação, nos transportes, nas imagens, na tecnologia, na mídia, nas atitudes das pessoas, entre outras tantas. Romeu Sassaki (2020) estipulou sete dimensões mais importantes da acessibilidade, explicadas a seguir.

Acessibilidade atitudinal

Essa dimensão da acessibilidade está ligada às atitudes, comportamentos e práticas sociais que influenciam a forma como as pessoas com deficiência ou outros marcadores sociais são percebidas e tratadas na sociedade. Ela está diretamente ligada à mudança de mentalidade e ao combate ao preconceito, capacitismo e discriminação, a fim de criar um ambiente inclusivo, acolhedor e respeitoso para todos. Campanhas de sensibilização, treinamentos, cursos, formações e informação de qualidade ajudam a promover essas mudanças.

Acessibilidade arquitetônica

A acessibilidade arquitetônica refere-se ao ambiente físico e à infraestrutura de um local. São projetos e/ou adaptações que visam a eliminação de barreiras de acesso, garantindo que todos possam se locomover e utilizar os espaços de maneira autônoma e segura. Alguns exemplos de adaptações arquitetônicas: elevadores acessíveis, rampas de acesso, banheiros modificados, piso tátil, sinalização visual, tátil e sonora, portas com largura adequada, bancadas adaptadas para pessoas com baixa estatura, entre outros.

Acessibilidade metodológica

Essa dimensão da acessibilidade diz respeito à adaptação de métodos de ensino e práticas com o objetivo de favorecer a compreensão de informações e facilitar a aprendizagem de todas as pessoas. No contexto organizacional, ela acontece quando são adaptados processos e fluxos de trabalho ou de avaliações de funcionários com deficiência intelectual, por exemplo.

Acessibilidade instrumental

Esse tipo de acessibilidade está ligado à adaptação de instrumentos, equipamentos e ferramentas para a execução de tarefas cotidianas, com o objetivo de contornar algumas limitações que pessoas com singularidades possam apresentar. São exemplos dessas ferramentas: dispositivos para comunicação alternativa, lupas, teclados ou mouses adaptados, softwares de leitor de tela ou reconhecimento de voz, livros em braile, aplicativos de tradução para Libras, cadeiras ergonômicas, mesas ajustáveis, entre outros.

Acessibilidade programática

Essa dimensão está relacionada à criação de leis, políticas públicas, ações afirmativas e programas que garantam os direitos das pessoas com deficiência e promovam a inclusão social em diferentes contextos, como o trabalho, a educação, eventos culturais e sociais, entre outros. No âmbito educacional, por exemplo, pode ser aplicado por meio da adaptação do currículo, formações de professores, etc. No âmbito corporativo, está relacionada com programas de diversidade e inclusão, criação de políticas internas, ações e diretrizes inclusivas.

Acessibilidade comunicacional

Esse tipo de acessibilidade visa garantir que todas as formas de comunicação sejam acessíveis, com o objetivo de que todas as pessoas possam entender e transmitir informações de maneira plena e eficaz. Essa dimensão abrange tanto a comunicação verbal quanto a escrita, e pode incluir a utilização de tecnologias assistivas, adaptações nos ambientes e mudanças nas formas de transmissão de informações. Exemplos: uso de legendas, audiodescrição, intérprete de Língua Brasileira de Sinais (Libras), sinalizações em braile, avisos sonoros ou visuais, linguagem simples e clara para pessoas com deficiência intelectual, dispositivos de comunicação aumentativa alternativa (CAA), entre outros.

Acessibilidade natural

Por fim, existe a dimensão natural, que se refere à extinção de barreiras da própria natureza. A acessibilidade natural envolve a criação de ambientes acessíveis a todos, como parques, praças e trilhas ecológicas. Uma pessoa em cadeira de rodas, por exemplo, terá dificuldades em se locomover em determinados locais com vegetação irregular, ou mesmo para tomar um banho de mar, conforme vimos na reportagem que abre este capítulo. Nas empresas e edifícios, essa dimensão pode ser percebida nas áreas externas, como jardins e áreas de descanso adaptados para se tornar mais acessíveis.

*** PARA SABER MAIS**

Cartilha *Acessibilidade e inclusão no lazer e no turismo*, do Ministério Público de Santa Catarina, disponível para download em: https://www.mpsc.mp.br/cao-direitos-humanos-e-terceiro-setor/publicacoes-tecnicas.

Essa cartilha tem o objetivo de fomentar a inclusão no turismo e em espaços de lazer. Nela, você encontrará normas técnicas referentes à acessibilidade arquitetônica aplicáveis nesse setor.

Vamos ampliar a perspectiva teórica e imaginar possibilidades de aplicação da acessibilidade na prática?

Atividade 3 – Criando listas de boas práticas

A partir dos conhecimentos adquiridos sobre inclusão e acessibilidade, pesquise, converse com colegas e construa algumas listas de ações e adaptações necessárias para a inclusão e acessibilidade de públicos específicos (pessoas neurodivergentes, pessoas com deficiência visual, pessoas LGBTQIAPN+, pessoas imigrantes, pessoas idosas, pessoas negras, etc.) em determinados ambientes (hotel, restaurante, resort, parque temático, espaço cultural, etc.). Segue modelo de sugestão:

Checklist de boas práticas para atendimento a pessoas surdas em hotéis e pousadas

- Sensibilização sobre cultura surda e capacitação básica em Libras (Língua Brasileira de Sinais) para a equipe de funcionários.
- Postura acolhedora, livre de estigmas e preconceitos baseados em estereótipos.
- Atendimento preferencial e com disponibilidade de tempo, caso necessário.
- Evitar ficar de costas e falar muito rápido (alguns surdos fazem leitura labial).
- Disponibilização de atendimento em Libras (funcionário que tenha fluência na língua de sinais – surdo ou ouvinte) ou pessoa treinada para utilizar meios mais eficazes de comunicação (sinalização básica, aplicativo de tradução, escrita clara e objetiva).
- Cartazes, instruções e folders impressos para facilitar a comunicação.
- Ambientes com sinalizações visuais claras e intuitivas em locais estratégicos.
- Alarmes visuais (luzes) para emergência.
- Recursos de tecnologia (vídeos institucionais com legenda e intérprete de Libras, aplicativos de tradução, comunicação por whatsapp, códigos QR para versões acessíveis das informações).
- Inclusão de profissionais surdos na equipe e valorização da comunidade surda.

Acessibilizar é criar experiências

Para finalizar, é preciso aqui fazer um acréscimo bastante importante. Para além das terminologias e classificações, não perca de vista o fato de que pessoas são diferentes entre si, com suas próprias histórias, identidades, limitações, habilidades e talentos.

No exemplo que demos no exercício anterior, podemos perceber que há uma variedade de formas de comunicação entre pessoas surdas. Algumas irão se comunicar exclusivamente por meio de Libras; outras podem oralizar, ou seja, falar em português (muitas pessoas surdas são treinadas para fazer leitura labial e oralizar desde crianças); outras ainda podem misturar as duas formas (oralização e língua de sinais ou "português sinalizado"). Muitos surdos sabem ler e escrever bem em português e gostam de utilizar a escrita para auxiliar no entendimento da pessoa ouvinte; outros não. Não é possível determinar como será com cada pessoa. Cada ser é único e cada experiência será igualmente única.

Dessa forma, mesmo duas pessoas com "diagnósticos" iguais podem viver a experiência da deficiência de maneira radicalmente diferente. Isso se aplica também a questões de neurodivergência, etnia, etarismo, orientação sexual, gênero e todos os outros marcadores sociais.

Promover a inclusão não se restringe apenas às cartilhas ou listas de boas práticas. Mas elas são importantes no sentido de oferecer informações e conhecimentos genéricos sobre determinado grupo de pessoas ou determinado tipo de deficiência. Os manuais e checklists também são muito úteis para um primeiro planejamento, sensibilização e engajamento de equipes e para que as pessoas não cometam erros básicos, que podem configurar discriminação ou preconceito. O conhecimento de nomenclaturas, conceitos e fundamentos torna-se essencial para oferecer um atendimento humanizado. Não obstante, devemos ter a clareza de que a acessibilidade não é puramente técnica – ela é atravessada por muitos aspectos sensíveis.

A experiência vivida de maneira plena deixa marcas e memórias. Trata-se de uma imersão sensorial e muitas vezes estética, que afeta quem vive e igualmente quem proporciona a experiência.

Alves e Moraes (2018) questionam quais seriam os efeitos e histórias produzidos por um programa para a acessibilidade baseado somente nos manuais instrucionais. Como se daria a fruição de uma pessoa cega em uma exposição de arte, por exemplo, ao se deparar somente com informações técnicas sobre a obra? Qual seria a qualidade de sua experiência no sentido sensorial?

> *Com isso não queremos dizer que os manuais e os dispositivos de informação não devam ser utilizados. O que afirmamos [...] é que tais dispositivos não são o único caminho para a promoção da acessibilidade. [...] Nesse sentido, propomos, como dito, que a acessibilidade seja uma ação feita com as pessoas com deficiência, e não apenas para essas pessoas. São duas preposições distintas – COM e PARA – que definem modos distintos de nos engajarmos nas práticas de acessibilidade (Alves; Moraes, 2018, p. 589).*

Nesse excerto, as autoras enfatizam a importância da valorização da subjetividade, da visão de mundo de cada indivíduo. Os manuais tentam antever como será a experiência de determinada pessoa e já cristalizam as histórias, ao passo que são estratégias pensadas "para" a pessoa e não "com" ela. Quero dizer, com isso, que é de vital importância personalizar a acessibilidade. Perguntar sobre eventuais necessidades de suporte, sobre qual é a melhor forma de atendimento ou sobre possíveis adaptações, são caminhos para uma inclusão baseada no respeito e empatia. Afinal, cada ser humano é único em seus desejos e necessidades, mesmo que o senso comum tenda a querer categorizar ou homogeneizar as pessoas. A experiência e fruição do indivíduo serão possivelmente mais marcantes se o conhecimento técnico estiver aliado ao atendimento personalizado.

Essa perspectiva das palavras "com" e "para" também está intimamente relacionada com a questão da representatividade entre trabalhadores e trabalhadoras dos espaços de lazer, turismo e hospitalidade. Se a equipe em questão é diversa, existirá uma propensão muito maior a iniciativas em prol da inclusão e acessibilidade, justamente pela questão da representatividade e da afinidade das histórias vividas por pessoas de um mesmo grupo. Não é possível afirmar que um determinado ambiente é diverso e inclusivo quando não é possível enxergar a diversidade de marcadores sociais nos corpos que o compõem.

Que tenhamos sempre o olhar atento para todas essas questões.

Arrematando as ideias

Neste capítulo, pudemos focar alguns aspectos da área da diversidade, equidade e inclusão nos serviços de hospitalidade, principalmente no que diz respeito à inclusão e consequentemente aos conceitos que estão atrelados ao termo. Falamos do acesso aos serviços de lazer, turismo e hospitalidade, direito previsto na Constituição de 1988 e em diversos outros documentos que legislam sobre o tema, como a Lei Geral do Turismo (2008), a Convenção sobre o Direito das Pessoas com Deficiência (2007) e a Lei Brasileira de Inclusão (2015). Portanto, democratizar o acesso é um dever do Estado e das instituições envolvidas na oferta dessas atividades. A democratização do acesso é uma questão de justiça social, uma vez que concretiza direitos, e ainda traz outros benefícios, como o desenvolvimento econômico, o fortalecimento da inclusão social e da diversidade cultural. Pudemos também entrar em contato com alguns conceitos e ideias importantes dessa área de pensamento, começando com um breve histórico da inclusão de pessoas com deficiência na sociedade (passando pelos paradigmas da exclusão, segregação, integração e inclusão). Na sequência, entendemos que o modelo médico da deficiência (centrado na "falta" e na "dificuldade" das pessoas) está dando lugar nas últimas décadas ao modelo social, que enxerga as barreiras de acesso na sociedade como ponto central da questão da inclusão. Nesse tópico, também nos debruçamos sobre o conceito de capacitismo (discriminação, exclusão e violência contra PCDs) e sobre a importância da luta anticapacitista como ferramenta de transformação social. Conhecemos o significado do cordão de girassol (usado para indicar deficiências ou condições ocultas) e da palavra neurodiversidade (que diz respeito à multiplicidade natural das formas de funcionamento neurológico). Discutimos o conceito de acessibilidade, que é amplo e engloba diversas esferas, contextos e práticas sociais. O mais importante é entendermos como os espaços e pessoas podem agir para eliminar as barreiras de acesso que impedem que a inclusão se efetive para todos, independentemente de etnia, condição física, idade, orientação sexual, gênero, classe social, religião, etc. Nesse sentido, adotamos a classificação das sete dimensões da acessibilidade (atitudinal, arquitetônica, metodológica, instrumental, programática, comunicacional e natural) como referência para o estudo e adequação dos espaços e atividades de lazer e turismo. Por fim, vimos que materiais instrucionais e listas de boas práticas são vitais para disseminar informações e corrigir muitos equívocos e atitudes preconceituosas. No entanto, não devemos lidar com as questões da diversidade e inclusão de maneira puramente técnica ou muito simplista. É preciso pensar em outros fatores que são particulares a cada pessoa. Por essa ótica, a acessibilidade coloca no centro a experiência e a fruição dos sujeitos nos diferentes espaços da sociedade.

Referências

A IMPORTÂNCIA da diversidade e inclusão para o sucesso na hotelaria. **Silbeck Blog**, Braço do Norte, 10 jul. 2024. Disponível em: https://www.silbeck.com.br/blog/diversidade-e-inclusao/. Acesso em: 10 ago. 2025.

A MULHER no mercado de trabalho – cargos e salários. [*S. l.*: *s. n.*], 4 ago 2016. 1 vídeo (3 min). Publicado pelo canal Lascene Produções. Disponível em: https://youtu.be/Z5pwvyf6vCw?si=qQ_tNYjYGKy2GZ9M. Acesso em: 2 jul. 2025.

ACESSIBILIDADE. *In*: DICIO: Dicionário Online de Português. Porto: 7Graus, 2025. Disponível em: https://www.dicio.com.br/diversidade/. Acesso em: 10 jul. 2025.

ACESSIBILIDADE e inclusão no lazer e no turismo. [*S. l.*: *s. n.*], 12 fev. 2024. 1 vídeo (5 min). Publicado pelo canal do Ministério Público de Santa Catarina (ministeriopublicosc). Disponível em: https://youtu.be/1limQvDPZec?si=tteqGjKvnPUDhaL2. Acesso em: 2 jul. 2025.

ACN BRASIL. Relatório de liberdade religiosa no mundo. **ACN Brasil**, São Paulo, 2023. Disponível em: https://www.acn.org.br/relatorio-liberdade-religiosa/. Acesso em: 30 jun. 2025.

ALVES, C. A.; MORAES, M. Entre histórias e mediações: um caminho para acessibilidade estética em espaços culturais. **Psicologia**: ciência e profissão, Brasília, v. 38, n. 3, p. 584-594, jul. 2018. Disponível em: https://doi.org/10.1590/1982-3703000042018. Acesso em: 30 jun. 2025.

ALVES, M. A.; GALEÃO-SILVA, L. G. A crítica da gestão da diversidade nas organizações. **Revista de administração de empresas**, n. 44, 20-29, set. 2004. Disponível em: https://doi.org/10.1590/S0034-75902004000300003. Acesso em: 30 jun. 2025.

AMATO, L. (coord.). **Diversidade e inclusão e suas dimensões**. Volume 1. São Paulo: Literare Books International, 2022.

AMATO, L. (coord.). **Diversidade e inclusão e suas dimensões**. Volume 2. São Paulo: Literare Books International, 2023.

ANCORAGEM. *In*: APA Dictionary of Psychology, American Psychological Association, 2018. Disponível em: https://dictionary.apa.org/anchoring-bias . Acesso em: 10 jul. 25.

ARAUJO, A. G. R.; SILVA, M. A. da.; ZANON, R. B. Autismo, neurodiversidade e estigma: perspectivas políticas e de inclusão. **Psicologia Escolar e Educacional**, São Paulo, v. 27, 2023. Disponível em: https://doi.org/10.1590/2175-35392023-247367. Acesso em: 30 jun. 2025.

BARREIRO, J. H. *et al.* Diversidade nas organizações: uma análise de resultados. *In*: CONGRESSO NACIONAL DE EXCELÊNCIA EM GESTÃO, 11., 2015, Rio de Janeiro. **Anais** [...]. Rio de Janeiro: Federação das Indústrias do Rio, 2015. Disponível em: https://www.researchgate.net/publication/290146546_Diversidade_Nas_Organizacoes_uma_analise_de_resultados. Acesso em: 30 jun. 2025.

BAUMAN, Z. **Comunidade**: a busca por segurança no mundo atual. Rio de Janeiro: Editora Zahar, 2003.

BORGES, S. Mulheres estudam mais, trabalham mais e ganham menos, diz IBGE. **UOL Notícias**, 8 mar. 2024. Disponível em: https://noticias.uol.com.br/cotidiano/ultimas-noticias/2024/03/08/estatisticas-de-genero-ibge-mulheres-trabalham-mais-ganham-menos.htm. Acesso em: 14 ago. 2025.

BRAH, A. Diferença, diversidade, diferenciação. **Cadernos Pagu**, Campinas, n. 26, 2006. Disponível em: https://doi.org/10.1590/S0104-83332006000100014. Acesso em: 30 jun. 2025.

'BRASIL em Constituição': liberdade religiosa é um direito garantido a todos os brasileiros. **Jornal Nacional**, 7 set. 2022. Disponível em: https://g1.globo.com/jornal-nacional/brasil-em-constituicao/noticia/2022/09/07/brasil-em-constituicao-liberdade-religiosa-e-um-direito-garantido-a-todos-os-brasileiros.ghtml. Acesso em: 2 jul. 2025.

BRASIL encerra 2024 atraindo US$ 360 milhões em investimentos estrangeiros em atividade ligadas ao turismo. **Ministério do Turismo**, Brasília, 7 fev. 2025. Disponível em: https://www.gov.br/turismo/pt-br/assuntos/noticias/brasil-encerra-2024-atraindo-us-360-milhoes-em-investimentos-estrangeiros-em-atividade-ligadas-ao-turismo. Acesso em: 2 jul. 2025.

BRASIL. **Constituição da República Federativa do Brasil de 1988**. Brasília, DF: Presidência da República, [2016]. Disponível em: https://www.planalto.gov.br/ccivil_03/constituicao/constituicao.htm. Acesso em: 12 mar. 2025.

BRASIL. **Decreto Legislativo n. 186, de 2008**. Aprova o texto da Convenção sobre os Direitos das Pessoas com Deficiência e de seu Protocolo Facultativo, assinados em Nova Iorque, em 30 de março de 2007. Brasília, DF, 2008. Disponível em: https://www.planalto.gov.br/ccivil_03/congresso/dlg/dlg-186-2008.htm#:~:text=Os%20Estados%20Partes%20proibir%C3%A3o%20qualquer,a%20discrimina%C3%A7%C3%A3o%20por%20qualquer%20motivo. Acesso em: 30 jun. 2025.

BRASIL. **Decreto n. 6.949, de 25 de agosto de 2009**. Promulga a Convenção Internacional sobre os Direitos das Pessoas com Deficiência e seu Protocolo Facultativo, assinados em Nova York, em 30 de março de 2007. Brasília, DF: Presidência da República, [2009]. Disponível em: https://www.planalto.gov.br/ccivil_03/_ato2007-2010/2009/decreto/d6949.htm. Acesso em: 30 jun. 2025.

BRASIL. **Lei n. 11.771, de 17 de setembro de 2008**. Dispõe sobre a Política Nacional de Turismo, define as atribuições do Governo Federal no planejamento, desenvolvimento e estímulo ao setor turístico; revoga a Lei n. 6.505, de 13 de dezembro de 1977, o Decreto-Lei n. 2.294, de 21 de novembro de 1986, e dispositivos da Lei n. 8.181, de 28 de março de 1991; e dá outras providências. Brasília, DF: Presidência da República, [2008]. Disponível em: https://www.planalto.gov.br/ccivil_03/_ato2007-2010/2008/lei/l11771.htm. Acesso em: 30 jun. 2025.

BRASIL. **Lei n. 13.146, de 6 de julho de 2015**. Institui a Lei Brasileira de Inclusão da Pessoa com Deficiência (Estatuto da Pessoa com Deficiência). Brasília, DF: Presidência da República, 2015. Disponível em: https://www.planalto.gov.br/ccivil_03/_ato2015-2018/2015/lei/l13146.htm. Acesso em: 25 ago. 2025.

BRASIL. **Lei n. 14.624, de 17 de julho de 2023**. Altera a Lei n. 13.146, de 6 de julho de 2015 (Estatuto da Pessoa com Deficiência), para instituir o uso do cordão de fita com desenhos de girassóis para a identificação de pessoa com deficiências ocultas. Brasília, DF: Presidência da República, [2023]. Disponível em: https://www.planalto.gov.br/ccivil_03/_ato2023-2026/2023/lei/l14624.htm. Acesso em: 30 jun. 2025.

BRASIL. **Nota técnica para a atuação do Ministério Público do Trabalho para a defesa de direitos da população LGBTIQ+ no trabalho**. Ministério Público do Trabalho, Procuradoria Geral do Trabalho, Brasília, 2020. Disponível em: https://ibdfam.org.br/assets/img/upload/files/070DD0C8315E98_nota-tecnica.pdf. Acesso em: 2 jul. 2025.

BRASIL. **Relatório sobre intolerância e violência religiosa no Brasil (2011-2015)**. Secretaria de Direitos Humanos/Presidência de República, Brasília, 2016. Disponível em: https://observatoriodh.com.br/wp-content/uploads/2020/09/RelatorioIntoleranciaViolenciaReligiosaBrasil.pdf. Acesso em: 30 jun. 2025.

BREWSTER, Z. W.; WANG, L.-I. Explicit expression of anti-Black biases in the full-service restaurant industry: legal responsibilities and risks. **International Journal of Hospitality Management**, v. 85, fev. 2020. Disponível em: https://doi.org/10.1016/j.ijhm.2019.102435. Acesso em: 30 jun. 2025.

CAMARGO, L. O. L. **Hospitalidade**. Coleção ABC do Turismo. São Paulo: Aleph, 2004.

CAMARGO, L. O. L. Hospitalidade sem sacrifício? O caso do receptivo turístico. **Revista Hospitalidade**, São Paulo, ano III, n. 2, p. 11-28, 2006. Disponível em: https://www.revhosp.org/hospitalidade/article/view/190. Acesso em: 14 ago. 2025.

CAMPOS, P. Parada do Orgulho LGBT+: cidade vira palco de celebração e luta pela igualdade e inclusão. **Comunicação São Paulo Turismo**, São Paulo, 28 maio 2024. Disponível em: https://imprensa.spturis.com/releases/parada-do-orgulho-lgbt-cidade-vira-palco-de-celebracao-e-luta-pela-igualdade-e-inclusao. Acesso em: 2 jul. 2025.

CARVALHO, A. S. O pecado de Sodoma: conexões, incidentes e o lugar da ideologia na interpretação de Gn 18,20 e 19,5. **Pesquisas em teologia**, Rio de Janeiro, v. 5, n. 9, jun. 2022. Disponível em: https://www.researchgate.net/publication/361754369_O_pecado_de_Sodoma_conexoes_incidentes_e_o_lugar_da_ideologia_na_interpretacao_de_Gn_1820_e_195. Acesso em: 30 jun. 2025.

CASTELLI, G.; CASTELLI, S. **Ô de casa**! Hospitalidade: uma vantagem competitiva. Canela: Castelli Escola Superior de Hotelaria, 2010.

CASTELLS, M. **O poder da identidade** – A era da informação: economia, sociedade e cultura. Volume 2. São Paulo: Paz e Terra, 1999.

CASTILHO, P.; CALLEGARO, H.; SZWARCWALD, M. Diversity matters: América Latina. **McKinsey & Company**, 2 jul. 2020. Disponível em: https://www.mckinsey.com/br/our-insights/diversity-matters-america-latina. Acesso em: 2 jul. 2025.

CENSO demográfico. Instituto Brasileiro de Geografia e Estatística, Rio de Janeiro, 2022. Disponível em: https://www.ibge.gov.br/estatisticas/sociais/saude/22827-censo-demografico-2022.html. Acesso em: 25 ago. 2025

COMUNIDADE JONGO DITO RIBEIRO. 22° Arraial Afro-Julino da Comunidade Jongo Dito Ribeiro. **Blog Comunidade Jongo Dito Ribeiro**, Campinas, 29 maio 2024. Disponível em: https://comunidadejongoditoribeiro.wordpress.com/2024/05/29/22-arraial-afro-julino-da-comunidade-jongo-dito-ribeiro/. Acesso em: 2 jul. 2025.

CONVENÇÃO sobre os Direitos das Pessoas com Deficiência e seu Protocolo Facultativo. **Unicef/ONU**, 8 abr. 2020. Disponível em: https://www.unicef.org/brazil/convencao-sobre-os-direitos-das-pessoas-com-deficiencia. Acesso: 2 jul. 2025.

CORPO DE BOMBEIROS MILITAR DE SANTA CATARINA (CBMSC). Aos 69 anos, morador de Blumenau realiza o sonho de tomar banho de mar por meio do projeto Praia Acessível. **Agência de Notícias SECOM**, Blumenau, 13 jan. 2025. Disponível em: https://estado.sc.gov.br/noticias/aos-69-anos-morador-de-blumenau-realiza-o-sonho-de-tomar-banho-de-mar-por-meio-do-projeto-praia-acessivel/. Acesso em: 2 jul. 2025.

COSTA, J. B. A prece de Frantz Fanon: Oh, meu corpo, faça sempre de mim um homem que questiona! **Civitas**: revista de Ciências Sociais, Porto Alegre, v. 16, n. 3, p. 504-521, jul.-set. 2016. Disponível em: https://doi.org/10.15448/1984-7289.2016.3.22915. Acesso em: 30 jun. 2025.

COSTA, J. F. A ética democrática e seus inimigos: o lado privado da violência pública. *In*: NASCIMENTO, Elimar Pinheiro do. **Ética** (seleção de textos). Rio de Janeiro/ Brasília: Garamond/Codeplan, 1997.

DEPARTAMENTO INTERSINDICAL DE ESTATÍSTICA E ESTUDOS SOCIOECONÔMICOS (DIEESE). **As dificuldades da população negra no mercado de trabalho** – boletim especial 20 de novembro – Dia da Consciência Negra. São Paulo: DIEESE, 2023. Disponível em: https://www.dieese.org.br/boletimespecial/2023/ conscienciaNegra2023.pdf. Acesso em: 22 mar. 2025.

DIAGNÓSTICO das políticas públicas de Afroturismo no Brasil. **Unesco/Ministério do Turismo**, Brasília, nov. 2024. Disponível em: https://www.gov.br/turismo/pt-br/acesso-a-informacao/acoes-e-programas/programas-projetos-acoes-obras-e-atividades/ afroturismo/DiagnsticodoAfroturismonoBrasil_FINAL.pdf. Acesso em: 2 jul. 2025.

DIAS, S. **Hospitalidade e interculturalidade.** São Paulo: Editora Senac São Paulo, 2024.

DIÁSPORA. *In*: DICIO: Dicionário Online de Português. Porto: 7Graus, 2025. Disponível: https://www.dicio.com.br/diaspora/. Acesso em: 10 jul. 2025.

DICAS para atender bem turistas com deficiência. **Ministério do Turismo**, Brasília, 12 abr. 2023. Disponível em: https://www.gov.br/turismo/pt-br/centrais-de-conteudo-/ publicacoes/DICASPARAATENDERBEMTURISTASPCDs.pdf. Acesso em: 2 jul. 2025.

DICAS para atender bem turistas LGBTQIA+. **Ministério dos Direitos Humanos**, Brasília, 26 jun. 2023. Disponível em: https://www.gov.br/mdh/pt-br/navegue-por-temas/lgbt/publicacoes/dicasparaatenderbemturistaslgbtqia.pdf. Acesso em: 2 jul. 2025.

DIVERSIDADE. *In*: DICIO: Dicionário Online de Português. Porto: 7Graus, 2025. Disponível em: https://www.dicio.com.br/diversidade/. Acesso em: 2 jul. 2025.

EMBRATUR. Brasil encerra 2024 atraindo US$ 360 milhões em investimentos estrangeiros em atividades ligadas ao turismo. **Notícias Embratur**, Brasília, 7 fev. 2025. Disponível em: https://embratur.com.br/2025/02/07/brasil-encerra-2024-atraindo-us-360-milhoes-em-investimentos-estrangeiros-em-atividade-ligadas-ao-turismo/. Acesso em: 15 ago. 2025.

FERREIRA JR., A.; BITTAR, M. Educação e ideologia tecnocrática na ditadura militar. **Cadernos Cedes**, Campinas, v. 28, n. 76, p. 333-355, dez. 2008. Disponível em: https://doi.org/10.1590/S0101-32622008000300004. Acesso em: 1 jul. 2025.

FERRO, R. C.; BASTOS, S. R. Hospitalidade: conceitos fundamentais e relevância para os estudos do turismo. **Revista Brasileira de Pesquisa em Turismo**, São Paulo, v. 18, 2024. Disponível em: https://doi.org/10.7784/rbtur.v18.2958. Acesso em: 1 jul. 2025.

FILMES ruins árabes malvados: como Hollywood difamou um povo. [*S. l.*: *s. n.*], 23 jun. 2020. 1 vídeo (50 min). Publicado pelo canal Sheikh Jihad Hammadeh. Disponível em: https://youtu.be/__KTxZC2fLs?si=KxxrPctZ4SHM7cub. Acesso em: 2 jul. 2025.

FONSECA, A. L.; ADAD, C. J. (org.). Ministério das Mulheres, da Igualdade Racial, da Juventude e dos Direitos Humanos. **Relatório sobre intolerância e violência religiosa no Brasil (2011-2015)**. Brasília: Secretaria Especial de Direitos Humanos, SDH/PR, 2016. Disponível em: https://observatoriodh.com.br/wp-content/uploads/2020/09/RelatorioIntoleranciaViolenciaReligiosaBrasil.pdf. Acesso em: 14 ago. 2025.

FRANÇA, T. H. Modelo social da deficiência: uma ferramenta sociológica para a emancipação social. **Lutas Sociais**, São Paulo, v. 17, n. 31, p. 59-73, 2013. Disponível em: https://revistas.pucsp.br/index.php/ls/article/view/25723. Acesso em: 21 mar. 2025.

FRANCO, P. S.; PRADO, J. A hospitalidade e a cordialidade: reflexões sobre o Brasil. **Instituto Brasileiro de Hospitalidade Empresarial – IBHE**, São Paulo, 18 jul. 2024. Disponível em: https://ibhe.com.br/wp-content/uploads/2020/09/hg.pdf. Acesso em: 1 jul. 2025.

FRASER, N. Reconhecimento sem ética? **Lua Nova**, São Paulo, n. 70. p. 101-138, 2007. Disponível em: https://doi.org/10.1590/S0102-64452007000100006. Acesso em: 1 jul. 2025.

FUNDO DAS NAÇÕES UNIDAS PARA A INFÂNCIA (UNICEF). Declaração Universal dos Direitos Humanos. **Unicef Brasil**, 2021. Disponível em: https://www.unicef.org/brazil/declaracao-universal-dos-direitos-humanos. Acesso: 26 fev. 2025.

FURUNES, T; MYKLETUN, R. J. Why diversity management fails: metaphor analyses unveil manager attitudes. **International journal of hospitality management**, v. 26, n. 4, p. 974-990, dez. 2007. Disponível em: https://www.sciencedirect.com/science/article/abs/pii/S0278431906001320. Acesso em: 1 jul. 2025.

GESSER, M.; NUERNBERG, A. H.; TONELI, M. J. F. A contribuição do modelo social da deficiência à psicologia social. **Psicologia & Sociedade**, Porto Alegre, v. 24, n. 3, p. 557–566, 2012. Disponível em: https://www.scielo.br/j/psoc/a/PhdsqtyL5T8fRwTp9JD3T6M/abstract/?lang=pt. Acesso em: 1 jul. 2025.

GIANNINI, H. Hospitalidad y tolerancia. Ciclo "Las virtudes de la vida". **Centro de Estudios Públicos**, 1996. Disponível em: https://www.scribd.com/document/479824267/Humberto-Gianinni-Hospitalidad-y-Tolerancia-pdf. Acesso em: 1 jul. 2025.

GIMENES-MINASSE, M. H. S. G.; LOPES, M. S. Dinâmicas de hospitalidade, inospitalidade e hostilidade em cenas de comensalidade – uma reflexão preliminar. **Revista Hospitalidade**, São Paulo, v. 21, p. 441-466, 2024. Disponível em: https://www.revhosp.org/hospitalidade/article/view/1163. Acesso em: 1 jul. 2025.

GOLDENBERG, M. DE&I: bom para pessoas e sociedade, certo para negócios. *In*: AMARO, L. (coord.). **Diversidade e inclusão e suas dimensões**. São Paulo: Labrador, 2023. v. 2, p. 19.

GREAT PLACE TO WORK. As melhores empresas para mulher trabalhar em 2021. Ranking GPTR Mulher 5ª Edição. **Great place to work**, 2020. Disponível em: https://conteudo.gptw.com.br/estudo-gptw-mulher-2021. Acesso em: 11 ago. 2025.

GRINOVER, L. **A hospitalidade, a cidade e o turismo**. São Paulo: Aleph, 2007.

HALL, S. **A identidade cultural na pós-modernidade**. Tradução: Tomaz Tadeu da Silva, Guacira Lopes Louros. 11 ed. Rio de Janeiro: DP&A, 2006.

HALL, S. **Da diáspora**: identidades e mediações culturais. Organização: Liv Sovik. Belo Horizonte: Ed. UFMG; Brasília: Representação da Unesco no Brasil, 2003.

HANASHIRO, D. M. M.; PEREIRA, M. F. M. W. M. O etarismo no local de trabalho: evidências de práticas de "saneamento" de trabalhadores mais velhos. **Revista Gestão Organizacional**, Chapecó, v. 13, n. 2, p. 188-206, 2020. Disponível em: https://www.researchgate.net/publication/341951403_O_ETARISMO_NO_LOCAL_DE_TRABALHO_EVIDENCIAS_DE_PRATICAS_DE_SANEAMENTO_DE_TRABALHADORES_MAIS_VELHOS. Acesso em: 14 ago. 2025.

HOOKS, bell. **Pertencimento**: uma cultura do lugar. São Paulo: Editora Elefante, 2022.

IANNI, O. **A sociedade global**. Rio de Janeiro: Civilização Brasileira, 2013.

INCLUSÃO. *In*: MICHAELIS: Dicionário Brasileiro da Língua Portuguesa. [*S. l.*]: Editora Melhoramentos, 2025. Disponível em: https://michaelis.uol.com.br/moderno-portugues/busca/portugues-brasileiro/inclus%C3%A3o/. Acesso em: 2 jul. 2025.

INESON, E. M.; YAP, M. H.T.; WHITING, G. Sexual discrimination and harassment in the hospitality industry. **International journal of hospitality management**, v. 35, p. 1-9, dez. 2013. Disponível em: https://www.sciencedirect.com/science/article/abs/pii/S0278431913000595. Acesso em: 1 jul. 2025.

INSTITUTO ETHOS. **Guia prático para empresas**: como exercer a responsabilidade social na contratação de pessoas migrantes e refugiadas. São Paulo: Instituto Ethos, 2021. Disponível em: https://www.ethos.org.br/publicacao/guia-pratico-para-as-empresas-como-exercer-a-responsabilidade-social-na-contratacao-de-pessoas-migrantes-e-refugiadas/. Acesso em: 1 jul. 2025.

INSTITUTO ETHOS. **Perfil social, racial e de gênero das 500 maiores empresas do Brasil e suas ações afirmativas**. São Paulo: Instituto Ethos, 2016. Disponível em: https://www.ethos.org.br/wp-content/uploads/2016/05/Perfil_Social_Tacial_Genero_500empresas.pdf. Acesso em: 1 jul. 2025.

KERR, C. **Viés inconsciente**: como identificar nossos vieses inconscientes e abrir caminho para a diversidade e a inclusão nas empresas. São Paulo: Literare Books International, 2021.

KONZEN, P. R. O conceito de diversidade (Verschiedenheit) na ciência da lógica e na filosofia do direito de Hegel. **Revista eletrônica estudos hegelianos**, 2012 n. 17, v. 9, p. 39-60. Disponível em: https://ojs.hegelbrasil.org/index.php/reh/article/view/75. Acesso em: 2 jul. 2025.

LASHLEY, C.; MORRISON, A. **Em busca da hospitalidade**: perspectivas para um mundo globalizado. Tradução de Carlos David Szlak. Barueri: Manole, 2004.

MARCO, V. **Capacitismo**: o mito da capacidade. Belo Horizonte: Letramento, 2020.

MAUSS, M. Sociologia e antropologia. São Paulo: Cosac Naify, 2003.

MENEZES, P. Cidade de São Paulo recebe 35 milhões de turistas em 2024. **Panrotas**, São Paulo, 15 maio 2025. Disponível em: https://www.panrotas.com.br/destinos/pesquisas-e-estatisticas/2025/05/cidade-de-sao-paulo-recebe-35-milhoes-de-turistas-em-2024_217466.html#:~:text=A%20cidade%20de%20S%C3%A3o%20Paulo,14%20noites%20consecutivas%20na%20cidade. Acesso em: 15 ago. 2025.

MINISTÉRIO PÚBLICO DE SANTA CATARINA (MPSC). Acessibilidade e inclusão no lazer e no turismo. Florianópolis: **MPSC**, 2023. Disponível em: https://www.mpsc.mp.br/cao-direitos-humanos-e-terceiro-setor/publicacoes-tecnicas. Acesso em: 12 ago. 2025.

MOUFFE, C. **Sobre o político**. São Paulo: Editora WMF Martins Fontes, 2015.

NORTE GLOBAL. **Revista Relações Exteriores**, 13 abr. 2024. Disponível em: https://relacoesexteriores.com.br/glossario/norte-global/#Norte_Global. Acesso em: 10 jul. 2025.

O GLOBO. Trump pressiona empresas europeias a acabarem com políticas de diversidade. **O Globo**, Paris, 29 mar. 2025. Disponível em: https://oglobo.globo.com/economia/noticia/2025/03/29/eua-pressionam-empresas-europeias-a-acabarem-com-politicas-de-diversidade.ghtml. Acesso em: 2 jul. 2025.

O NEGRO na literatura. Diálogos Ausentes. Elisa Lucinda e Tatiana Nascimento. [*S. l.: s. n.*], 2017. 1 vídeo (1 h 44 min). Publicado pelo canal Itaú Cultural. Disponível em: https://youtu.be/fiYeNyIRM1U?si=y1wv0dFeluFB8uBv. Acesso em: 12 ago. 2025.

ORTIZ, R. **Mundialização e cultura**. São Paulo: Brasiliense, 2006.

ORTOLANO, F. **Diversidade, diferença e cultura**: conjugações possíveis frente às novas técnicas psicopolíticas de poder. Palestra ministrada na formação de Diversidade e Inclusão Social em Direitos Humanos | ODS – Agenda 2030. Pró-reitora de extensão da USP, São Paulo, 2022. Disponível em: https://cursosextensao.usp.br/pluginfile.php/820282/mod_resource/content/1/Resumo%20F%C3%A1bio%20Ortolano%20-%20Diversidade%2C%20diferen%C3%A7a%20e%20cultura%20conjuga%C3%A7%C3%B5es%20poss%C3%ADveis%20frente%20%C3%A0s%20-novas%20t%C3%A9cnicas%20psicopoliticas%20de%20poder.pdf. Acesso em: 2 jul. 2025.

PEREIRA, M. A história da pessoa com deficiência. **Ciências gerenciais em foco**, Belo Horizonte, v. 8, n. 5, 2018. Disponível em: https://revista.uemg.br/index.php/cgf/article/view/3149. Acesso em: 17 abr. 2025.

PEREIRA, V. M.; RAMOS, N. V. Justiça social: uma trajetória conceitual. **Revista Teias**, Rio de Janeiro, v. 22, n. 64, p. 300-315, 2021. DOI: 10.12957/teias.2021.50123. Disponível em: https://www.e-publicacoes.uerj.br/revistateias/article/view/50123. Acesso em: 9 fev. 2025.

PESSOAS COM deficiência têm maior dificuldade de inserção no mercado de trabalho e acesso à educação, aponta IBGE. **Jornal Nacional**, São Paulo, 7 jul. 2023. Disponível em: https://g1.globo.com/jornal-nacional/noticia/2023/07/07/pessoas-com-deficiencia-tem-maior-dificuldade-de-insercao-no-mercado-de-trabalho-e-acesso-a-educacao-aponta-ibge.ghtml. Acesso em: 2 jul. 2025.

PIMENTEL, T. Pesquisa da UFMG e Unicamp aponta que população LGBT está mais vulnerável ao desemprego e à depressão por causa da pandemia. **G1 Minas**, Belo Horizonte, 2020. Disponível em: https://g1.globo.com/mg/minas-gerais/noticia/2020/05/17/pesquisa-da-ufmg-e-unicamp-aponta-que-populacao-lgbt-esta-mais-vulneravel-ao-desemprego-e-a-depressao-por-causa-da-pandemia.ghtml. Acesso em: 1 jul. 2025.

POPPER, K. R. **A sociedade aberta e seus inimigos**. Vol. 1, 4. ed., trad. Milton Amado & Luiz João Baraúna. São Paulo: Itatiaia/Editora da Universidade de Brasília, 1974.

PROGRAMA CULTURA DE PAZ. **Educar para paz** – Programa de Desenvolvimento Educacional. São Paulo: Senac São Paulo, 2017.

QUEIROZ, V. Só 52,9% das cotas para jovem aprendiz estão preenchidas. **Poder 360**, Brasília, 10 dez. 2023. Disponível em: https://www.poder360.com.br/poder-empreendedor/so-529-das-cotas-para-jovem-aprendiz-estao-preenchidas/. Acesso em: 2 jul. 2025.

RESISTÊNCIA Negra. **Circuito Memória Paulistana**, Secretaria Municipal de Cultura de São Paulo, São Paulo, [*s. d.*]. Disponível em: https://circuitomemoriapaulistana.com.br/circuitos/resistencia. Acesso em: 2 jul. 2025.

RIBEIRO, D. **O que é lugar de fala?** Belo Horizonte: Letramento, 2017.

RO, H.; OLSON, E. D. Gay and lesbian customers' perceived discrimination and identity management. **International Journal of Hospitality Management**, v. 84, p. 102319, jan. 2020. Disponível em: https://www.sciencedirect.com/science/article/abs/pii/S0278431918310144. Acesso em: 2 jul. 2025.

ROCHA, L. **Como ser uma liderança inclusiva** – fuja do diversity washing e valorize a diversidade – seu guia para construir uma sociedade mais justa e uma empresa mais competitiva. São Paulo: Scortecci Editora, 2022.

SALES, R. Diversidade nas organizações: conceitos e histórico. *In*: AMATO, L. **Diversidade e inclusão em suas dimensões**. São Paulo: Literare Books International, 2022. p. 9-16.

SANTO CAOS. Demitindo preconceitos – porque as empresas precisam sair do armário. São Paulo: Santo Caos, 2015.

SANTOS, T. S. **Racializando o turista**: desigualdades raciais no acesso ao turismo de lazer no Brasil. 2024. Dissertação (Mestrado em Turismo) – Escola de Artes, Ciências e Humanidades, Universidade de São Paulo, São Paulo, 2024. Disponível em: https://www.teses.usp.br/teses/disponiveis/8/8132/tde-09122024-095847/. Acesso em: 6 jul. 2025.

SASSAKI, R. K. **As sete dimensões da acessibilidade**. São Paulo: Lavratus Prodeo, 2020.

SASSAKI, R. K. Inclusão: acessibilidade no lazer, trabalho e educação. **Revista Nacional de Reabilitação** (Reação), São Paulo, ano XII, mar./abr. 2009, p. 10-16. Disponível em: https://files.cercomp.ufg.br/weby/up/211/o/SASSAKI_-_Acessibilidade.pdf?14732033. Acesso em: 2 jul. 2025.

SASSAKI, R.K. **Inclusão**: construindo uma sociedade para todos. Rio de Janeiro: WVA, 1997.

SASSAKI, R. K. Inclusão: paradigma do século 21. **Revista da Educação Especial**, Santa Maria, out. 2025. Brasil: Ministério da Educação/Secretaria de Educação Especial. Disponível em: https://www.scribd.com/document/35852350/Sassaki-R-K-Inclusao-o-paradigma-do-sec-21. Acesso em: 15 ago. 2025.

SASSAKI, R. K. Paradigma da inclusão e suas implicações educacionais. **Revista Forum**, Rio de Janeiro, 30 jun. 2002. Disponível em https://seer.ines.gov.br/index.php/revista-forum/article/view/1129. Acesso em: 15 ago. 2025.

SHUM, C.; GATLING, A.; GARLINGTON, J. All people are created equal? Racial discrimination and its impact on hospitality career satisfaction. **International Journal of Hospitality Management**, v. 2020, p. 102407, 2020. DOI: 10.1016/j.ijhm.2019.102407. Disponível em: https://www.sciencedirect.com/science/article/abs/pii/S0278431919304888. Acesso em: 2 jul. 2025.

SILVA, M. A. F.; GRAWUNDER, P. Profissionais com mais de 45 anos nas organizações. *In*: CAMILO, J.; FORTIM, I.; AGUERRE, P. (org.). **Gestão de pessoas**: práticas de gestão da diversidade nas organizações. São Paulo: Editora Senac São Paulo, 2020.

SILVA, R. A. Incluir excluindo ou excluir incluindo: a escola E-JOVEM/LGBTTI e seus desdobramentos. **Repositório institucional Unesp**, Araraquara, 13 jul. 2018. Disponível em: http://hdl.handle.net/11449/154829. Acesso em: 2 jul. 2025.

SISTEMA de informações e indicadores culturais: 2011-2022/IBGE, Coordenação de População e Indicadores Sociais. **IBGE**, Rio de Janeiro, 2023. Disponível em: https://biblioteca.ibge.gov.br/index.php/biblioteca-catalogo?view=detalhes&id=2102053 Acesso: 10 abr. 2025.

SUL GLOBAL. **Revista Relações Exteriores**, 13 abr. 2024. Disponível em: https://relacoesexteriores.com.br/glossario/sul-global/. Acesso em: 10 jul. 2025.

SUSIN, L. C. Deus hóspede: hospitalidade e transcendência. **Thaumazein**, Santa Maria, v. 6, n. 12, p. 6-21, 30 nov. 2013. Disponível em: https://periodicos.ufn.edu.br/index.php/thaumazein/article/view/129. Acesso em: 2 jul. 2025.

TALBOT, I. Impacto dos vieses inconscientes. *In*: AMARO, L. (coord.). **Diversidade e inclusão e suas dimensões**. São Paulo: Labrador, 2023. v. 2, p. 135.

TAYLOR, C. La política del reconocimiento. *In*: TAYLOR, Charles. **El multiculturalismo y "la política del reconocimiento"**. México: Fondo de Cultura Económica, 1993.

TENDÊNCIAS do Turismo – verão 2025 – comportamento da população brasileira. **Ministério do Turismo/Nexus**, Brasília, nov. 2024. Disponível em: https://www.nexus.fsb.com.br/wp-content/uploads/2025/01/Pesquisa-turismo-Nexus-MTur-habitos-turismo.pdf. Acesso em: 2 jul. 2025.

TREVISAN, J. S. **Devassos no Paraíso**: a homossexualidade no Brasil, da colônia à atualidade. 4. ed. Rio de Janeiro: Objetiva, 2018.

VALLE, M. *et al.* **Sentir, pensar, incluir**: pessoas com deficiência. 1. ed. São Paulo: Editora Senac São Paulo, 2024.

ZUKUNELLI, A.; MOZZATO, A. R.; PADILHA, A. C. M. Uma revisão sobre diversidade e inclusão de pessoas no turismo: panorama atual e perspectivas futuras. **Revista Brasileira dos Observatórios de Turismo**, v. 3, n. 2, 2024. Disponível em: https://periodicos.apps.uern.br/index.php/ReBOT/article/view/6722/4596. Acesso em: 26 ago. 2025.

Sobre os autores

Cláudia Balthazar dos Santos é doutoranda e mestre em planejamento e gestão do território pela Universidade Federal do ABC (UFABC), especialista em educação ambiental pelo Senac-SP e bacharel em turismo pela Pontifícia Universidade Católica (PUC-Campinas). Acumula mais de dezessete anos de atuação dedicada à formulação, implementação e monitoramento de projetos estratégicos voltados ao desenvolvimento territorial, turismo de base comunitária, equidade social, luta antirracista e promoção dos direitos humanos. Há dezoito anos leciona no ensino superior, nos cursos de turismo, hotelaria, eventos, gestão ambiental e relações internacionais, em níveis de graduação e pós-graduação.

Fábio Ortolano é educador social pelo Senac, bacharel em turismo pela Universidade Federal de São Carlos (UFSCar) e graduando em Ciências Sociais pela Estácio. Também é mestre em mudança social e participação política, além de doutor em psicologia social pela Universidade de São Paulo (USP). Atua como docente nas áreas de turismo e desenvolvimento social no Senac e como professor de sociologia do lazer e do turismo na Faculdade de Tecnologia do Estado de São Paulo (Fatec). Trabalha ainda como consultor em diversidade, equidade e inclusão (DE&I) em parceria com a Peripa e já atuou como docente convidado em cursos de diversidade na Pontifícia Universidade Católica (PUC-SP) e na USP.

Thammy Alonso Guastella é educadora social e artista de teatro. É formada em pedagogia pela Universidade Presbiteriana Mackenzie, tem especializações em psicodrama pela Pontifícia Universidade Católica (PUC-SP) e em educação especial na perspectiva inclusiva pelo Centro Universitário Senac e fez mestrado em estudos culturais pela Universidade de São Paulo (EACH-USP). Também possui formação livre em teatro e em língua brasileira de sinais. Atua como educadora há vinte anos, com foco em projetos de arte-educação, orientação vocacional e educação para o trabalho. No Senac, é docente da área de desenvolvimento social e participa de ações com a temática da diversidade e inclusão, como criação e reformulação de cursos e mediação de workshops e formações para a rede.